乡村振兴系列丛书

古村落生态文化旅游

龚永标 等 编著

中国林业出版社

图书在版编目(CIP)数据

古村落生态文化旅游／龚永标等编著.
-- 北京：中国林业出版社，2019.6
(乡村振兴系列丛书)
ISBN 978-7-5219-0113-9

Ⅰ.①古… Ⅱ.①龚… Ⅲ.①村落-生态旅游-旅游业发展-研究-中国 Ⅳ.①F592.3

中国版本图书馆 CIP 数据核字(2019)第 122154 号

课程信息

中国林业出版社

策划编辑：吴 卉
责任编辑：张 佳 孙源璞
电 话：010-83143561

出版发行：中国林业出版社
邮 编：100009
地 址：北京市西城区德内大街刘海胡同 7 号
印 刷 固安县京平诚乾印刷有限公司
版 次 2019 年 10 月第 1 版
印 次 2019 年 10 月第 1 次
字 数 207 千字
开 本 787mm×1092mm 1/16
印 张 9.25
定 价 55.00 元

《古村落生态文化旅游》

编委会名单

序

党的十九大报告提出实施乡村振兴战略，是以习近平同志为核心的党中央着眼党和国家事业全局，对“三农”工作作出的重大决策部署，是决胜全面建成小康社会的重大历史任务，是新时代做好“三农”工作的总抓手。

2018年1月，中共中央国务院出台的《关于实施乡村振兴战略的意见》提出了“产业兴旺、生态宜居、乡风文明、治理有效、生活富裕、摆脱贫困”总要求。2018年3月8日，习近平总书记参加山东代表团审议时提出了“产业、人才、文化、生态、组织”五个乡村振兴主要建设内容。

我院紧扣乡村振兴总要求和乡村振兴主要建设内容，发挥农林、医卫类的专业特色优势，为推进农民科学素质提升和传播乡村振兴科普知识，组织编写出版“乡村振兴系列丛书”。《生态养猪实用技术》《中药材栽培技术与合理开发》将帮扶贫困人口，促进农村产业兴旺，为实现农村脱贫致富提供技术支撑。《乡村景观生态资源升级保护与开发》《乡村湿地景观资源开发利用与保护》构建农业开放新格局，改善农村人居环境，打造蓝天、碧水、净土。《农村废弃物利用与处置技术》加强农村突出环境问题综合治理，实现农村生态宜居具有很强的操作性。《景观形态与庭院园林设计》《乡村民居设计》《古村落生态文化旅游》将传承农村优秀传统文化，加强农村公共文化建设，建设农村乡风文明提供可借鉴的样本。《农村常见疾病和意外伤害的预防与处理》为推进健康乡村建设提供基础保障。

本系列丛书通熟易懂，深入浅出，有助于农业农村系统干部和社会各界学习领会乡村振兴战略，为乡村振兴实践、学习、培训提供参考借鉴。

湖南环境生物职业技术学院校长　左家哺

2019.6.28

前言一

存在即合理。古村即文化根、活化石。古村落的生态是文化旅游之泉。文化是旅游的灵魂，旅游是文化的重要载体。

中国古村落，承载着中国数百年甚至上千年的历史遗产和生态文化资源，其遗产丰厚，文化资源摇曳多姿，究其机理蕴含着一方水土养一方人之相生共荣的生态关系。保护和建设好中国古村落，不仅是乡村振兴战略的重要途径，也是加快推进生态文明建设，推动中华优秀古文化创造性转化、创新性发展的重要内容。衡阳古村落文化书籍出版，既有利于提高衡阳古村落经济发展水平，也有助于保护衡阳不可再生的遗产资源。

本书涉及的古村落以我国住房和城乡建设部、文化和旅游部、财政部联合公布的“中国传统古村落名录”中衡阳的村落为案例。衡阳古村不少，山清水秀，建筑如画，人文底蕴丰厚，民俗风情独具特色。本书通过研究介绍村镇的典籍史志、民族风情、民俗习惯、人文轶事等，展现衡阳古村落生态信息，推动衡阳乡村生态文明的发展，为衡阳乡村振兴提供直观、感性认识与理性思哲或许有益于当地经济发展。因地制宜开发具有衡阳当地文化特色的旅游文化，以满足人们不断追求美好生活的需要，以生态旅游文化促进当地旅游业的持续健康发展，仍然是顺应时代所需。

当前乡村的凋敝与衰败，古村落因为城镇化、人为破坏、保护不当而导致损毁与消亡与党中央、国务院大力发展乡村，打造蓝天、碧水、净土的战略是相悖的，尤其是乡村振兴的师资和教材奇缺情况更是差强人意。农业的发展需要农村的振兴，农村的振兴需要人才的支撑，值此党中央坚持农业农村优先发展，为实现农业强、农村美、农民富构建宏伟蓝图之际，研究、探讨、编著、出版《古村落生态文化旅游》，为乡村振兴提供美丽乡村建设的路径与模式，无疑具有客观实在性。

湖南环境生物职业技术学院，追根溯源，始于1903年10月8日创办的修业学堂，历经湖南省私立修业高级农业职业学校、湖南省立修业农林专科学校，1951年3月与湖南大学农业学院合并组建湖南农学院，1975年10月创设衡阳分院，

1987 年 4 月改湖南林业高等专科学校，1999 年 6 月改高等职业技术学院，2001 年 4 月更现名，2004 年 6 月原衡阳市卫生学校整体并入，有誉经世积淀。

目前，我校为湖南省高等职业教育一流特色专业群和第三批卓越高职院校建设单位，先后获全国绿化模范单位、国家生态文明教育基地、全国职业教育先进单位、湖南省首批示范性高职院校、湖南省文明单位、湖南省首批科普教育基地、湖南省首批职业教育黄炎培优秀学校、中国林业科学研究院硕士专业学位湖南唯一培养基地等盛誉。当前，学校在国家乡村振兴战略中敢立潮头、勇于担当，主动服务地方经济发展、乡村振兴，特例出台学校服务地方经济发展的文件，本书有幸被作为学校“乡村振兴系列出版物”资助项目，深感责任在肩。

本书特邀中国林科院专业硕士生导师、国家旅游咨询专家、湖南省旅游协会理事长、湖南环境生物职业技术学院党委委员、副院长屈中正教授担任主审。本书编著者为龚永标、王科瑛、张硕勤、殷艳、刘旺、凌宏伟、肖贵、卢红梅。其中龚永标同志承担主持编写、确定编写大纲，负责前言、衡阳古村落生态旅游文化渊源、中田村生态旅游文化、后记等内容的写作、其它篇章的补写、修改以及统稿等工作，凌宏伟、刘旺、肖贵、龚永标、卢红梅等同志负责第一章“衡阳古村落生态旅游文化概要”，卢红梅同志还负责收集、购买资料、照片和文字处理、实地访问等；王科瑛同志负责沙井村生态旅游文化的写作；张硕勤同志负责宝盖村生态旅游文化的写作；殷艳同志负责草市村生态旅游文化的写作。

本书以常宁市庙前镇中田村、祁东县风石堰镇沙井老屋村、衡南县宝盖镇宝盖村、衡东县草市镇草市村等地为样本，立足乡村振兴战略、业界专家观点，从生态旅游文化现状、生态旅游文化渊源和生态旅游文化发展愿景三大方面系统梳理衡阳古村落生态旅游文化样本研究开发的理论与实践，以飨有关古村村民、各位专家、生态旅游文化兴趣爱好者。由于各位作者限于精力、时间与水平，存在不足处，敬请赐教，联系方式：gyb2001@ 126. com。

前言二

写作《古村落生态文化旅游》一书，或因古村的凋敝带给人、甚至归乡人的生命主体意识的荒凉，这种生命体验就具有无法消解的多重意蕴，不是局外者或身处其中者能够轻易把握的；或缘于古村的前世今生、几度沉浮，期间的壮烈与唯美也许是过眼云烟，但依然给过客们以哀婉悲情、以手拊膺坐长叹；或起于漂泊在外的归乡梦，即使少年子弟江湖老，古道斜阳，枫桥夜雨，高楼大厦，舞榭歌台，多少繁华寂寞，种种人生况味，都在此中。杯酒在手，惆怅漫生……林林总总江湖体验，也许难以敌过乡村梦、梦想村。但，目睹眼前村落状，难消胸中块垒。物是人非却情感不老，追梦不易，恋梦不已，结果终会流露回不去的故乡之扼腕。

但，令人欢欣的是在习近平新时代中国特色社会主义思想的科学指引下，《国家乡村振兴战略规划（2018—2022 年）》通过中共中央政治局审议并颁布，乡村振兴战略提出的“产业兴旺、生态宜居、乡风文明、治理有效、生活富裕”20 字方针，导航定向。那种令人神往的“蓝天、碧水、净土”，那种“看得见山、望得见水、记得住乡愁”的古村新气象给了千千万万乡村人、乡村游子、乡村游客以“定海神针”。

正是基于此，写作此书，挖掘、宣传、弘扬古村文化，以此助力古村原住民实现乡风文明、生活富裕之梦，不失为一项公德之举。

本书主要体现：在众多的，特别是在住房和城乡建设部等部门联合公布的中国传统村落名录中选取四个具有典型性的村落为表述对象。在破壁残瓦、荒地杂屋、零落败朽中搜罗中田村、沙井村、宝盖村、草市村等地的乡村建筑、村落的地理，探究个中曲折。揭示悠远历史内蕴和与当代相吻合的生态文化资源，探索古村落生态文化旅游展望，以点带面，旁及其他，期冀为广大古村落的生态旅游文化发展有所裨益。

目录

第一篇

衡阳古村落生态旅游文化渊源

第一章
衡阳古村落生态旅游文化概要

一、历史期待

（一）衡阳市的历史期待

1. 衡阳古村人文亟须挖掘

拥有 15310km^2 的衡阳市，与衡山有关联，山之南谓之“阳”。在湖南省管辖的 14 个地级市州里，面积广阔；自西汉高祖第五年开始设置酃县以来，已有 2000 多年的历史；公元 589 年并临蒸、新城、重安为衡阳县，自此一直沿用“衡阳”至今。

又因北雁南飞，至此歇翅停回栖息于市区回雁峰，就有了“雁城”的雅称。

赞誉衡阳的诗词歌赋，不计其数。“塞下秋来风景异，衡阳雁去无留意”，是宋代范仲淹的衡阳喟叹；“春至衡阳雁，思归塞路长”，是唐代孟贯的衡阳深情；“莫失南来伴，衡阳树即红”，是齐已的衡阳重义……江山代有人才出，都赋予衡阳以丰厚的人文情意。也许众多的衡阳的文化、民俗、乡情乡韵、俚语村规、民约村曲赋予了衡阳葳蕤的人文色彩，就如“云路三天近，云瀑万籁虚”一样，历史积淀之深厚平添衡阳无尽的人文魅力。遥思与黑格尔并称东西方哲学双子星座、中国朴素唯物主义思想的集大成者、启蒙主义思想的先导者，与黄宗羲、顾炎武并称为明末清初的三大思想家王夫之的“芷香沅水三闾国，羌绿湘西一草堂”，遥感晚清衡州船山书院主讲人王闿运“吾道南来原是濂溪一脉，大江东去无非湘水余波”的十足底气，慨于练兵衡阳石鼓书院曾国藩的“洪杨举事成功望，无奈冤家挽剩残。衡岳三江合腹地，湖湘几帅搅云天。文公水练新军正，夫子书学旧世传。历史潮流趋换代，中兴封建不堪言”。我们不难发现，正是有了这些贤者，才有了衡阳的兴盛，也许正是衡阳古村落的乡风、民情才有了这些贤者的声名远播，后续不已。

诸如此类的墓碑、石刻、铭文沉淀了古村的历史渊源，成为发掘承载的村落的人、事、物，就会成为乡村文化旅游的最原始的一部分，也同时成为最具有生态文明剖析价值的部分。这种元文化注定会为湖湘文化奠定坚实的基础，成为湖湘文化不可或缺的基因。村落的古屋、祠堂、族谱等蕴含着博大丰富的精神资源，形成“勤俭务实、忠孝耕读”的古村儒学渊源，世代相沿的敦亲睦族、和人善事的文化氛围。这种古村遗存的文化集中而深刻地体现了中华民族优秀的道德规范、价值取向和行为准则。其已经成为我国优秀传统

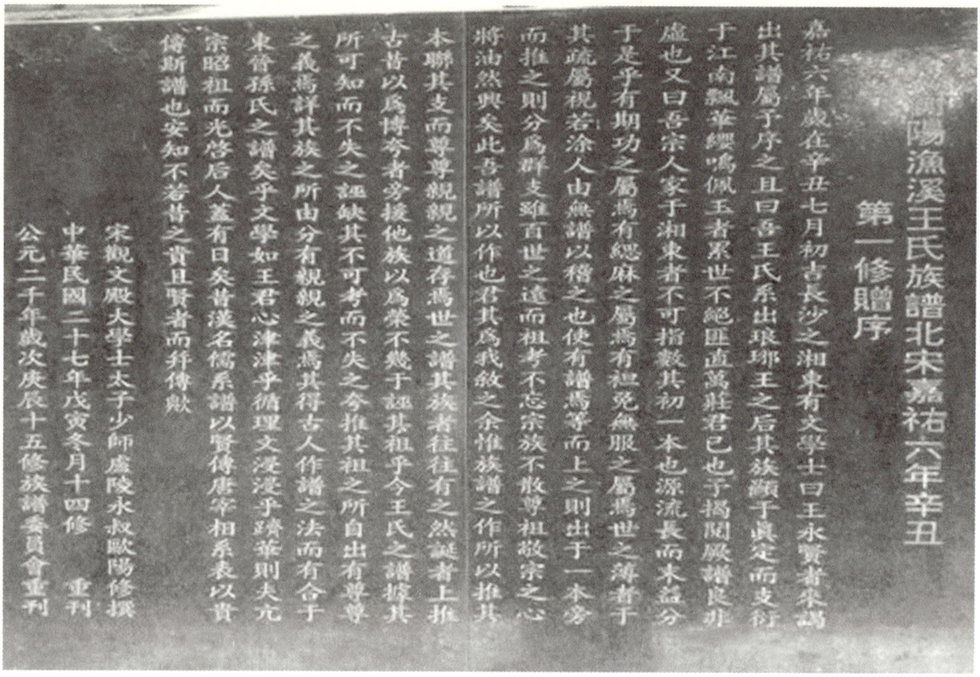

陽漁溪王氏族譜北宋嘉祐六年辛丑

第一修贈序

嘉祐六年歲在辛丑七月初吉長沙之湘東有文學士曰王永賢者來謁出其譜屬予序之且曰吾王氏系出琅琊王之后其族顯于真定而支衍于江南飄華纓鳴佩玉者累世不絕匪直萬莊君已也予揭閱厥譜良非虛也又曰吾宗人家于湘東者不可指數其初一本也源流長而末益分于是乎有期功之屬焉有緦麻之屬焉有袒免無服之屬焉世之薄者于其疏屬視若涂人由無譜以稽之也使有譜焉等而上之則出于一本旁而推之則分爲群支雖百世之遠而祖考不忘宗族不散尊祖敬宗之心將油然興矣此吾譜所以作也君其爲我敘之余惟族譜之作所以推其本聯其支而尊尊親親之道存焉世之譜其族者往往有之然誕者上推古昔以爲博夸者旁援他族以爲榮不幾于誣甚祖乎今王氏之譜據其所可知而不失之誣缺其不可考而不失之夸推其祖之所自出有尊尊之義焉詳其族之所由分有親親之義焉其得古人作譜之法而有合于東曾孫氏之譜矣乎文學如王君心津津乎循理文浸浸乎蹟華則夫光宗昭祖而光啓后人蓋有日矣昔漢名儒系譜以賢傳唐宰相系表以貴傳斯譜也安知不若昔之貴且賢者而并傳歟

宋觀文殿大學士太子少師廬陵永叔歐陽修撰

中華民國二十七年戊寅冬月十四修　重刊

公元二千年歲次庚辰十五修族譜委員會重刊

图 1　衡阳渔溪王氏族谱

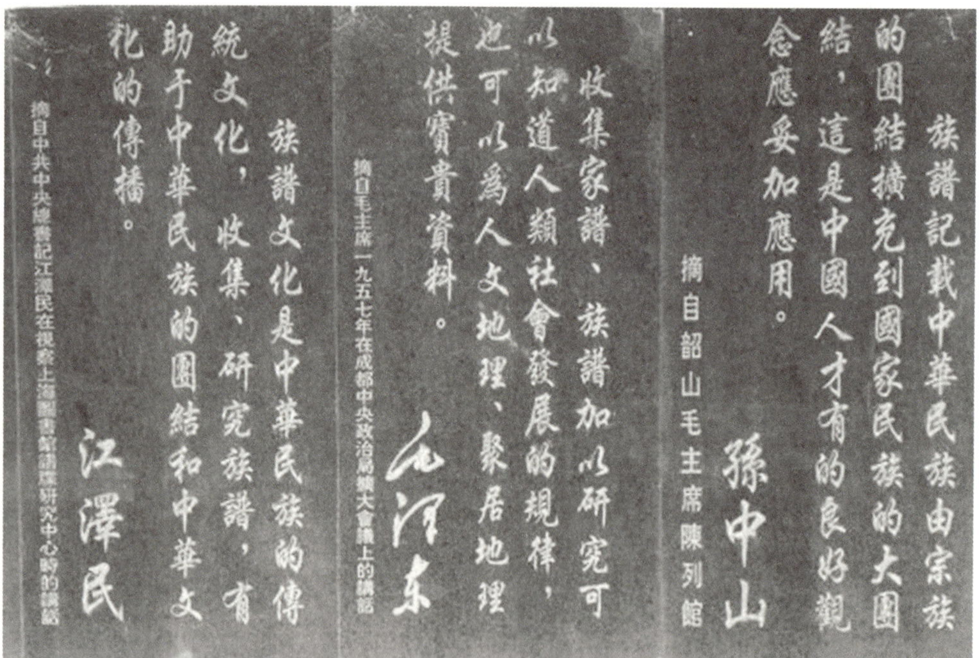

图 2　名人题词

文化尤其是湖湘文化的重要组成部分，也将成为推动乡村文化发展的正能量。

如此悠远的历史，如此丰富的物产，必然留存底蕴丰厚的人文，这些物质的或非物质的文化遗产，值得探讨与研究。由此，也就赋予衡阳人深以为意的历史期许。

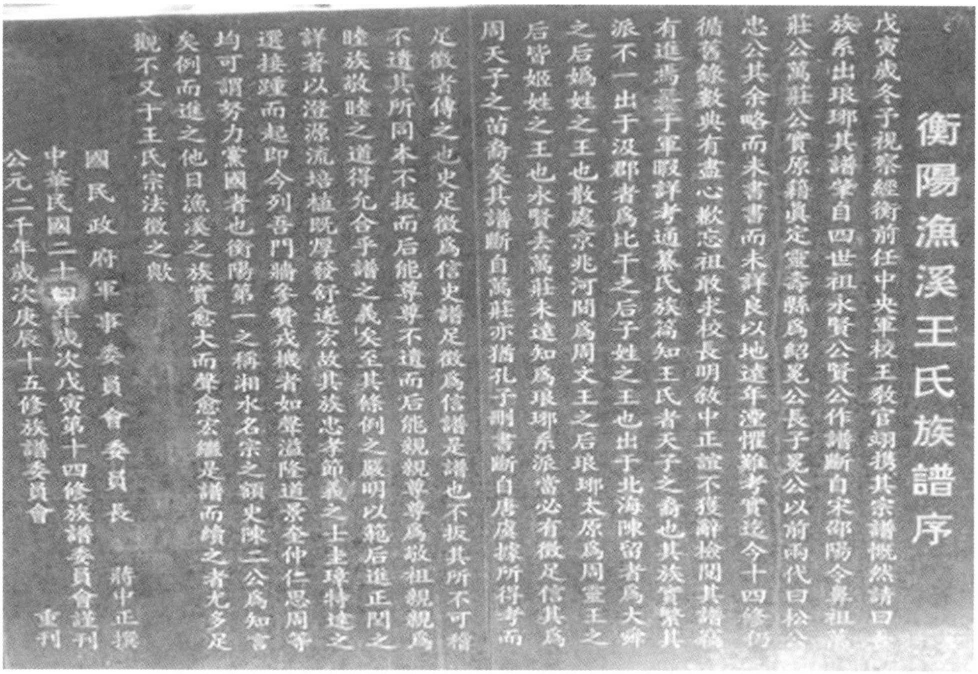

衡陽漁溪王氏族譜序

戊寅歲冬予視察經衡前任中央軍校王教官翊携其宗譜慨然請曰吾族系出琅琊其譜肇自四世祖永賢公賢公作譜斷自宋邵陽令彝祖萬莊公萬莊公實原籍眞定靈壽縣爲紹冕公長子冕公以前兩代曰松公忠公其余略而未書書而未詳良以地遠年湮懼難考實迄今十四修仍循舊錄數典有盡心歟忘祖敢求校長明敘中正誼不獲辭檢閱其譜稿有進焉暴于軍暇詳考通纂氏族篇知王氏者天子之裔也其族實繁其派不一出于汲郡者爲比干之后子姓之王也出于北海陳留者爲大舜之后嬀姓之王也散處京兆河間爲周文王之后琅琊太原爲周靈王之后皆姬姓之王也永賢去萬莊未遠知爲琅琊系派當必有徵足信其爲周天子之苗裔矣其譜斷自萬莊亦猶孔子刪書斷自唐虞據所得考而足徵者傳之也史足徵爲信史譜足徵爲信譜是譜也不振其所不可稽不遺其所同本不振而后能尊尊不遺而后能親親尊尊爲敬祖親親爲睦族敬睦之道得允合乎譜之義矣至其條例之嚴明以範后進正閏之詳著以澄源流培植既厚發舒遂宏故其族忠孝節義之士圭璋特達之選接踵而起即今列吾門牆參贊戎機者如聲溢隆道景奎仲仁思周等均可謂努力黨國者也衡陽第一之稱湘水名宗之額史陳二公爲知言矣例而進之他日漁溪之族實愈大而聲愈宏繼是譜而續之者尤多足觀不又于王氏宗法徵之歟

國民政府軍事委員會委員長 蔣中正撰

中華民國二十四年歲次戊寅第十四修族譜委員會謹刊

公元二千年歲次庚辰十五修族譜委員會 重刊

图 3 衡阳渔溪王氏族谱序

2. 衡阳古村落危机

衡阳，地广、人稠，但随着城市化的发展，农村人口，特别是农村的青壮年背井离乡，远离故土。在原生地，只留下老人与小孩成为主要的留守人员。

图 4 古屋门槛

窗子、门框、门槛如果是木质的，早已经破旧甚至腐烂不堪。年久失修的梁椽也在不断地松动，被烟熏火燎的灶厨也是霉苔丛丛。不少的古村，如果修建了天井，古老的砖块，青苔处处，井内杂物凌乱、少有收拾。

图 5　古屋天井

近几年，随着国家对农村、农业、农民的政策调整，人口有回流现象。随着乡村旅游的兴起，政府农村工作的逐步前移，对农村古村落生态文化旅游的重视与投入日趋加强。农村古村落旅游文化尽管取得了一定成效，但村落的年久失修，致使加速消失的情况突出，旅游收入大幅下滑；村民对古村生态文化及其价值缺乏足够的认识与重视，人为损毁的现象屡见不鲜；有的地方城镇化过快、政府开发失当；有的地方古村落生态旅游文化基础设施建设薄弱；有的地方古村落的修复失去传真性……

这些生态旅游文化发展的要素缺失，直接制约当地古村落生态旅游文化的发展。

根据冯骥才所考证，我国的古村落现状堪忧，每天以一百个左右的速度消失一样，衡阳的古村落也不例外。其原真性的古风貌也日渐式微。日子难过，内心渴望外面的世界，太多年轻力壮的人迫不及待想从老屋里跑出去。

同时，随着乡村旅游的日盛，村落蓝天碧水的自然环境，正吸引着有商业眼光的人。不少去考察的人带着比较强烈的投机心理，他们看到农村古村的商机，希图找出商业价值，实现商业利益的最大化。正因其利之所往，就会不可避免地损害古村的历史与文化的价值。过度损毁，在损毁中外溢着无意识的悲凉；过度开发，在开发里迷失。

现存古村，能够完整保留下来且不失基本文化元素的甚少。

由于缺乏对历史文化遗产的保护意识，古村传统民居目前保留下来的数量已不足原有

图 6 古屋的破败

图 7 陈旧的老房子

的零头，而且损毁严重。尽管有的古村已被定位市级、省级乃至国家级文物保护单位，但拆围墙等人为破坏层出不穷。根据村民介绍，“甚至有人时常将脏水倒在土墙上，想泡垮土墙，以便修新房，幸亏被文物部门发现阻止”。有的村大院目前无人管理，垮塌严重，围墙洞开，甚至连双扇木门都被偷走。

图 8　中田村古屋的荒凉

图 9　古屋的残破

衡阳逝去的村落已矣，尽管已经暗淡了刀光剑影、远去了鼓角争鸣，迎来了改革开放的高速发展，进入了乡村振兴的新时代。但，衡阳现存的古村落是否有必要保留和传承，将以何种方式延续，将往何方发展？这是摆在每一位关心衡阳古村落者面前的一道不可忽视的课题。

（二）古村落的历史期待

1. 古村收录

衡阳的古村落，依据住房和城乡建设部、文化部、财政部等2012年以来公布的中国传统村落名录，截至2019年12月，主要有28个。它们分别是：常宁市庙前镇中田村（第1批）、衡东县杨林镇杨林村（第2批）、衡东县高塘乡高田村新大屋（第2批）、祁东县风石堰镇沙井老屋村（第2批）、衡东县甘溪镇夏浦村（第2批）。衡南县宝盖镇宝盖村（第4批）、衡南县栗江镇大渔村（第4批）、衡东县草市镇草市村（第4批）、衡东县荣桓镇南湾村（第4批）、耒阳市小水镇小墟村（第4批）、耒阳市太平圩乡寿州村（第4批）、耒阳市上架乡珊钿村（第4批）、常宁市白沙镇上游村（第4批）、常宁市西岭镇六图村（第4批）、常宁市罗桥镇下冲村（第4批）、衡阳市衡南县花桥镇高新村（第5批）、衡阳市耒阳市仁义镇罗渡村（第5批）、衡阳市耒阳市导子镇导子社区（第5批）、衡阳市耒阳市余庆街道水口村（第5批）、衡阳市耒阳市长坪乡石枧村（第5批）、衡阳市常宁市白沙镇上洲村（第5批）、衡阳市常宁市白沙镇光荣村（第5批）、衡阳市常宁市西岭镇大洪村（第5批）、衡阳市常宁市西岭镇五冲村（第5批）、衡阳市常宁市三角塘镇双湾村（第5批）、衡阳市常宁市三角塘镇玄塘村（第5批）、衡阳市常宁市罗桥镇石盘村（第5批）、衡阳市常宁市胜桥镇大茅坪村（第5批）。

我们选取了距离衡阳市区93km的常宁市中田村、距离衡阳市区70km的衡南县宝盖镇、距离衡阳市区50km的衡南县宝盖村、距离衡阳市区80km的衡东县草市镇草市村几个有一定代表性的古村落为样本，进行研究。究其最初的称呼“古村”，我们也将之沿用。

2. 古村的“活”

家谱、族谱是古村延续的重要脉络与见证，是非常宝贵的“古村活载体”。古村落是一种文化遗产的活的载体，既承载着物质文化遗产，也承载着非物质文化遗产。具体来讲，衡阳古村落的特征主要体现在“古”“活”“和”三个字上。

图10　石狮背云鼓

图 11　节孝祠的斗拱

图 12　祠堂绘画

“古”“活”“和”是古村落的三大要素，缺一不可。“古”是讲求的是历史，时间上的久远，古村落的基本要素；“活”讲求的是古村的灵性、精神实质，是古村落的灵魂所

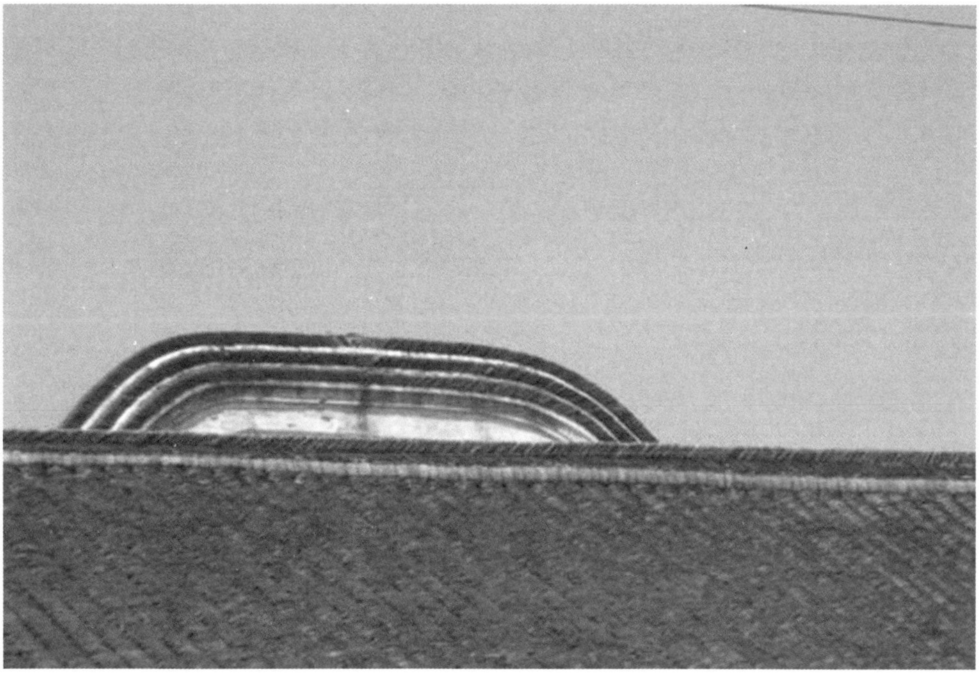

图 13　古建筑中"猫拱背"

图 14　古村落中的新建房屋

在；而"和"讲求的是空间上的科学布局、人文上的"礼"，是一种内在相处的规则与生存伦理，是古村落的生命之源。因为"和"，才能"古"；因为"和"，才能"活"；因为

“和”，才是中国的而又富有地方特色的古村落。

图 15　中田村里的现代建筑

图 16　残败的古村落

二、古村落生态旅游资源

（一）古村落生态内蕴

1. 古村落是“聚落”的一种形式

衡阳成为政府管制的行政机构时间漫长，古村落自然众多，然而随着岁月的流逝，能够依然存活下来的日渐稀少。当村里的院落布局有格调、有布局、有人居环境的和谐。房屋之间相隔很近，有的是“藕断丝连”。不管如何分布，在总体上依然有传统的“群居”形式与内容。多以“聚落”毗邻而居，这样的方式也许是源于远古时候的生存需要。为了抵御外来入侵者，大家以血缘为纽带聚集一起、共进退，少有“散居”、零星稀落的。

不过，这种“聚落”在乡村正日益被打破，分散而居成为一种比较常见的居住方式。

特别是随着家庭联产承包制、改革开放以来，农民生产责任感的增强、积极性的提高、粮食的丰收、生活的改善使他们很快从土地的束缚中解脱出来。衡阳市的古村村民也在物质生活得到改善的基础上，有了自己可以支配的时间与空间。村民居住方式，分布各地。

根据 2012 年 4 月 16 日国务院发布的《关于开展古村落调查的通知》明确指出，古村落是指村落形成较早、拥有较丰富的古资源，具有一定历史、文化、科学、艺术、社会和经济价值，应予以保护的村落。它们具备的条件是：一是古建筑风貌完整：历史建筑、乡土建筑、文物古迹建筑集中连片分布或总量超过村庄建筑总量的三分之一；二是选址和格局保持古特色：村落选址具有古特色和地方代表性，村落格局具有鲜明性、体现现有代表性的古文化，且整体格局保存良好；三是非物质文化遗产活态传承：拥有较为丰富的非物质文化遗产资源、民族异域特色鲜明。当然，伴随时间的推移，人们的休闲时间增多、经济收入增加。来自四面八方的游客，被吸引的首先是村落的整体物质风貌，这种风貌不是城市的钢筋水泥的堆砌，而是源自远古影子的总体布局、房屋构造、街巷道陌、集贸市场、标志物、村落边界、建筑外型……这种“聚落”形态在生态旅游中占有极大的分量，而有影响的，主要有以下几类：一是直接参与旅游开发并从中获利的当地村民，如兴建商店、旅馆、农家乐，新建房屋或改扩建房子，就会在一定程度上影响村落形态；二是开发商，主要通过新建旅游基础设施，特别是接待、服务设施、开发策略以及与当地村民之间的关系处理上会影响到村落形态变化；三是政府，主要是当地政府部门在定位古村开发的政策、管理策略及其持续性方面也会制约着村落形态的变化与发展。

2. 古村落保护的对象与方式

国家相关部门给予古村落以较为科学的内涵，并明确地提出了村落保护的对象是村落物质文化遗存、自然文化遗产、非物质文化遗产。此，全面地概括了古村落蕴含的人文、地理、民俗的综合价值。突出了非物质文化的“活态”依存。古村落建筑群落是当地百姓创造的物质“文化场”“生活场”，其内部生存着相互关联的各种民俗文化事项。物质生活场所是村落古民俗文化的物化和载体，是古村落文化生态系统不可或缺的组成元素。从 2012 年 4 月 16 日国务院发布的《关于开展古村落调查的通知》中对古村落认定的标准可以看出，历史建筑、乡土建筑、文物古迹建筑等强调了将富有鲜明地域特色的古民居建筑视为古村落的主要物质文化遗产予以保护。

保护的最好方式就是旅游，因为地方政府的规范、当地村民的努力，可以起到政府主导、企业参与、村民配合、共同维护的作用，而当前衡阳的古村落的旅游状况差强人意。从游客来源看，一是节假日慕名而去的人，人数时多时少，缺乏稳定的游客；二是在外工作回家走亲戚顺便看望的人。从古村原住民来看，一是 70 岁以上的老年人；二是儿童。从历史建筑来看，一是每一个村落多为明清时期的建筑；二是集中连片的建筑稀少。从乡土建筑来看，一是村落主体较为完整，内部构件很空落；二是两边厢房破损较多，特别是房子后面破落。从文物古迹建筑来看，一是这些遗落于农村的村落留存的文物，显性的较多，以物质形式存在；二是文化标志不多，有的早已磨损不堪，留存于当今的多以花鸟虫虎之类的木雕、石雕为志。从村落选址来看，多利用自然地形，傍山附势，讲求天人合一的哲学观，及追求物质上的“实”，又讲究精神层面的“净”，以尊崇自然、珍惜自然、合理利用自然的态度，选择宜居之地。不论是中田村、宝盖村、大渔村抑或其他，多讲求自然生态环境的内在机理，以珍惜土地、重山水、保林木为原则，选址一般来说较为在意：阳宅须教择地形，背山面水称人兴，山有来龙昂秀发，水须围抱作环形。

通过全面整理出村落的显性或隐性的生态旅游文化元素，进行统筹规划、分门别类，突出重点加强保护。根据旅游者的心理制定出相应的策略。诚然，从旅游本身来看，显出一种个体的行为与活动，是旅游者在空间上的流动，即从一个地方去往另一个地方。其实这种行为更是一种个人行为表现的文化经济活动。因而带有文化意味、经济属性。既然古村落的形态变化与发展，甚至存与废，决定于当地村民、参与的企业以及当地政府三大要素，那么保护古村落的物质形态与非物质形态、促进古村落的生态文化旅游的进步，就要正确科学地处理好这三个要素，因为其代表了不同三方的经济个体，利益取向不一。政府与企业之间的博弈在于招商引资时期的古村落旅游开发模式与路径以及后续的合同双方的责任主体之间的合同兑现问题；企业与村民在古村落开发中的相互作用。二者的配合度、矛盾处理度都会影响到古村。

（二）古村落生态旅游的必要性与可行性

1. 古村落的生态旅游必要性

由此可观，古村落的生态旅游尚有必要性：一是数百年的古屋蕴含了丰富的历史文物价值，研究它、开发它、延续它利于古村落的保存。作为历史文物，自然内蕴了中华古代文化的历史知识。这些古村的原生态文化元素是当地村落文化、历史的源泉，是其他文化无法取代的。二是这些古老村落既然已经存续了数百年，就应有它的旅游理由。黑格尔说：存在即合理。凡是现实的，都是合理的。依据康德的纯粹理性批判、实践理性批判再到判断力批判这一认识论的演绎，可以推知人可以认识自然、社会以至人本身，探求世界的本源，追求“真”；也能由自身认知，探求人与人之间的契约精神、伦理规则，尽力避免暴力，追求“善”；在探求事物的现象及其本体内在机理的同时，在现象与本体之间架起一座理性桥梁，实现自然目的。表达人们的主观心意，自然万物借助人主观的美感，过渡到其目的，即客观的本体。作为古村落这一自然物也会借助游客的审美，成为其客观存在，产生美感。也可以说，美不自成为美，美之所以唯美，是欣赏者的“意”。正因其历史的、现实的或者审美的也就成了游客不计距离、不论时间、不顾天气而前来古村落的理由。

2. 古村落的生态旅游可行性

其可行性也可窥其一二。一是与国家乡村振兴战略的大形势是应其时。农村迎来前所未有的发展契机。农业兴、农村美、农民富成为当今时代发展的目标。古村的生态旅游资源的开发与建设正当时。

当人们天南地北旅游时，已经习惯于中等规模以上城市的喧嚣与富丽、名山大川的奇异风光，衡阳市的古村落依然待字闺中。中田村、沙井村等，依然具有较为丰富的生态文化旅游元素。

观今鉴古，中田村、宝盖村、草市村、沙井等村落现状不免让人唏嘘，没有得到适时的保护，显得凋敝、残败、没落，甚至荒芜。脚踏在一块块被磨蚀得平滑、冷沁甚至发光的青石板之上，左右顾盼，映入眼帘的是布满苔藓的墙砖、燃烧木柴熏黑的窗棂、冷清耳门的石墩、蛛网零落的牌匾、透过门缝依稀可见的缺角少腿的桌椅床柜甚至残破的石屏……它们的历史的、文化的、建筑的、风水的价值已经或者正在日渐消褪，昔日的风流与繁华似乎被雨打风吹去。

令人欣慰的是，这些古村落迎来了自己的春天。2012 年 12 月 17 日，住房和城乡建设部等部门组织开展了全国第一次古村落摸底调查，在各地初步评价推荐的基础上，经古村落保护和发展专家委员会评审认定并公示，住房和城乡建设部、文化部、财政部决定将北京市房山区南窖乡水峪村等第一批共 646 个具有重要保护价值的村落列入中国传统村落名录。中田村被第一次纳入，成为 646 个古村里的一员。

同时，为指导地方做好相关工作，住房和城乡建设部、文化部、财政部印发了《关于加强古村落保护发展工作的指导意见》，自此，被历史风雨长期湮没的中田村、沙井村、宝盖村、草市村等古文化村落也许会在新的时代里展现出新气象，揭开崭新的一页。

三、古村落生态旅游文化内蕴

（一）古村落文化意蕴

1. 族群聚居的元文化

衡阳古村落的存在本身就充满文化意蕴。众多的古村是苗族、汉族、瑶族等民族先民由围捕、采集、渔猎发展而来的生存方式。族群聚居模式成为相对稳定的社会单元，是衡阳农村广阔地域上和历史渐变中一种实际存在的、历史最为悠久的时空座落。由此，形成相对固定的聚居，本土语言、环境形成的元文化也就发展兴盛起来。

村落的聚集，不会与城镇的格局类似，散乱无序，随意而建，依山傍湖而建，依河傍水而建，但房子之间距离不会太远，其空间形态多样、文化成分多元，蕴涵着丰富深邃的历史文化信息。衡阳村落文化通过其相互关联、内在互动，成为社会有机体的重要组成部分，是衡阳地方文化的“根文化”与“母文化”。

2. 衡阳地方历史文化的重要载体

残存的古村落，既是物质的遗产，又是非物质的。由于它们蕴含丰富的历史文化资源，蕴蓄着极其丰富的文物价值，但令人焦虑的是这些古村落正在我们面前逐渐消褪、都在渐渐淡出旅游者的视野，其资源的紧缺正日益显示出来。

各古村在自身发展过程，形成各自文化特质。但这种特质也具有共性色彩。忠诚、爱国、孝悌、敬业齐家、诗书传家、诚信、耕读传家、友善等多种优秀品质在每一个古村落都能寻找到文化的根性。为人以忠、舍小家为大家的忠于祖国、爱我中华的舍生取义的大我精神、那种“我欲仁，仁至矣”“别人不仁，我不能无义”的儒家情怀、那种“努力靠自身”的自强不息的奋斗与拼搏精神，是衡阳地方历史文化核心价值观的集中体现，是对中华优秀传统文化的继承与体现。

古村的宗亲文化、孝道文化、农耕文化在其自身的演绎发展中，一直有着内在的传承，并成为难以磨灭的地方历史文化，成为湖湘文化经世致用的重要组成部分。

（二）古村落生态旅游文化意蕴

1. 古村人文历史遗存

衡阳各地的古村落，就是各地历史遗存。不同于长沙的故旧盛名，也没有上甘棠村、大河江村的旖旎盛景，作为上千年古城的衡阳，留给后人的只有一个王船山和一座南岳古庙，以及城市屡屡改造的累累痕迹。然而，它依然屹立不倒并焕发出新的生机，和这片土地上的人，传承着一股坚韧：沙井村的雕花，大渔村的彩绘，宝盖的烧饼，中田的皮影，草市的龙船，月光塘的传说，“古木参天源水活，流经满墅白云深”的敕封古庙，“道正乾坤功垂禹甸三千界内亟望庆云永阴，法治今古民生盛世十八滩前更期大业荣昌”的灵山庙戏曲……

“贤士著千秋德业，达人扶万古纲常”。数千年来，这片古老的土地上，一直传承者“耕读传家、忠孝为用”，湖湘人的经世致用思想也一直在古老的村落里熠熠发光。这种古村村民的生活理想，激励着子弟走向“修身、齐家、治国、平天下”的儒学道路，积极入世。以入世的圆满来追求家族的希望、民族的振兴、中华民族的伟大复兴。一户功成名就的“耕读传家”，往往是当地乡邻的表率，所谓的“学高为师，德高为范”就是如此。成功者，投身安邦定国之伟业，自然会被国家政府肯定其价值；积极参与社会建设，为百姓谋福利，自然会被社会寄以厚望，获得尊重；格物致知、修养个人品德情操，授人以鱼不如授人以渔，自然会受到后代的尊敬与祭祀供奉，香火自是不灭。凡此种种，古村落的耕织生活、农事劳作。饥者歌其食，劳者歌其事，由此产生的勤劳进取的文化教诲与智慧，在南来北往的过程里，将会熔铸成中华民族成长、壮大的源源不息的强大精神动力。

2. 古村落生态文旅

村落的布局，房屋的建筑格局是显性的物质文化遗产。各村的祠堂、阁楼加之配套的厢房、厢楼、戏楼、闲房侧院；主堂屋的附属建筑物，如门巷、过道、内外院墙等；屋子内外的石柱、柱础等。古村落的名人雅士的书法真迹、家训、家规、族谱、木雕、石刻、泥塑人物、花草、戏台顶棚藻井、鸟虫造型等等的艺术品以及民风。

这些古屋的建筑，多显示出自宋元以下的文化，各村的宗族文化较为深厚，为研究衡阳各地方的历史、族类文化提供了宝贵的实物。不论是物质的抑或非物质的，都会在建筑史、建筑学、风水学、美学等方面提供较高的科学和艺术价值。

古村之遗风，寓意着天下之治，不在一姓之兴亡，而在万民之忧乐。一村之生态事关天下之生态，就如“风声雨声声声入耳，家事国事事事关心”。自古，国与家难以分彼此，因已浸入骨髓。正是如此，探究古村落的原生态的文化元素，确定其物质文化遗产、自然文化遗产、非物质文化遗产，从人文、地理、民俗方面开发出生态文旅的综合价值，尤其是对于非物质文化的“活态遗存”加以深入分析、比较。

打造生态文旅的基本原则还是要突出国与家的中国特色。因为古村的传承主要的还有浸入骨血里的家国情怀。数千年间无论社会变迁沧海桑田，中国人皆知“万物本乎天，人本乎祖”的规则，都遵循“敬天法祖重社稷”的古训。

古村家庭是精神成长的沃土，家国情怀的逻辑起点在于古村家风的涵养、家教的养成。在传承古村优良家风中筑牢责任意识和担当精神，在正家风、齐家规中砥砺道德追求和理想抱负，在履行家庭义务中知晓责重山岳、公而忘私的大义，正是家风传承中所蕴藏的时代课题。

“知责任者，大丈夫之始也；行责任者，大丈夫之终也。”责任和担当，乃是家国情怀的精髓所在。当我们专注于挥剑长天、自我圆满，不应忘了古村民生之疾苦同样关乎自我之荣辱。更好地兼顾古村小家与国家，将对家的情意深凝在对他人的大爱、对国家的担当上，人生才能真正达成圆满。

“亦余心之所向兮，虽九死其犹未悔。”精神有了归属，生命就有意义。将古村与家国相连，其情怀就是一股永不衰竭的精神涌流，有了它的丰润，必能描绘大写的人生、成就不凡的意义。

挖掘人文元素，理出古村延续的家与国的关系，探索家国文化，打造生态文化旅游，促进古村的保护与发展，是一项利于长远的策略。

四、古村生态旅游文化表现

（一）历史文化名村

1. 历史久远

多数古村落源自宋元以下，时间上存在数百年以至上千年不等。一座古村落能够不因时代变迁而消失，在大多数村落湮没得无影无踪的情况下依然持续不断，本身就是一种奇迹。衡阳的古村保护宜尽力追求古建筑的原真状况，尽力修复古村落的既有风貌，尽力挖掘古村落的历史积淀与文化符号是一项利于村落生存、发展的举措。当前，旅游颇为盛行，留存于衡阳乡村的各个村落，都可以说是历史文化名村。它们大多体现为明清各个时期的古建筑、古遗址。其代表建筑为清代古民居群“宝盖楼”，气势恢弘、古香古色，是典型的湘南农村古式建筑，有徽式民居风格，其建筑艺术、雕刻艺术、彩绘艺术均达到当时很高的境界，具有很高的文化、文物研究价值。

2. 文化元素丰富

就本书所提及的中田村、沙井老屋村、草市村、宝盖村等四个村落来看，生态旅游文化元素，极有挖掘的价值。如，沙井古屋，乍看简朴淡雅，是典型的农人生活居所。但是，先人在弘扬优秀古建筑文化方面，却极为大胆活泼地倾注了他们的思想智慧和艺术匠心。就拿建筑的装饰构件来说，无论是雕梁画栋、木刻的门窗，还是墙头彩绘、石雕等，无一不是精雕细琢，其形象逼真、神情生动，彰显很高的审美情趣和艺术价值。

如中田村古民居群历史悠久，建筑年代延续连贯，历明、清各朝，为中田人农耕生活的理想家园。祠堂、民宅、古书房、古井、古巷道、古墓、古桥、古石堰。其间廊腰缦回，飞檐高啄，曲棂刻雕，建筑别具一格；村后山峦重叠，古木参天，曲径通幽；村前地势平坦，视野开阔，小桥流水，一幅古色古香乡村山水，是湘南现存规模较大、历史悠久、文化底蕴深厚的具有代表性的古村落。古村四山环合，山如怀抱，村如心房，在选址上，充分体现“择水而居”“前有照，后有靠”的风水理念。极大地显示出地貌与风水巧妙结合。真正做到“几亩薄田，一望春风一望雨；数间草房，半仓农器半仓书”。这就表现出农耕与教化高度统一的特色。其规模庞大、气势雄浑、布局有律、空间组合奇异、装饰精美绝伦、使用功能齐全，其文化底蕴深厚，民族个性鲜明，建筑艺术精妙。其建筑艺术、建筑文化，空间艺术、空间文化；镂空雕刻、饰物点缀存在的文化元素所蕴含的中国古文化、衡阳本土民俗；面河而建、依山面水的天人合一风水美学等等都可以在中田村的村落布局中找到佐证。

（二）生态旅游文化

1. 研究与开发的对象

在众多的古村落里，不少村，存在比较完整的原真因素，拥有比较完整民居布局。研究这些民居的布局并加以开发，激发游客的兴趣，促成古村的经济效益、生态效益就有其内在的动力。如沙井村的院、堂、井、廊、弄、亭一一具备。院里屋梁厚重结实，架梁沉稳，梁面绘就吉祥物，饰面浓墨重彩。院子青石柱础，砖块铺垫整齐、错落有致，方位讲究，主次分明，体现出典型的江南石雕艺术特色与中国儒家文化的温柔敦厚。墙壁为砖块与优质木材的混合结构，其中渗入砂浆，夯实而成。墙面陈旧斑驳，从残存的部分依稀可见花鸟虫鱼、山竹草木的绘饰，有着强烈的审美文化体现。

又如，草市村的地理旅游及其文化可理出其地理文化：《水经注 · 洣水》记载容水从侯昙山到容口、汇入洣水的地理文化；可以理出的历史政治文化因子：《大明会典 · 嘉靖二十五年》设衡山县草市巡检司及其更替；从容陵侯国到容陵县、到阴山县再到新中国成立后的草市的历史沿革；可以理出外来文化及其中国古文化的包容性：“万国同道信主信神成一家，天下信徒相亲相爱处兄弟”的天主教堂。

再以王家祠堂为例。其结构布局匠心独运。研究与开发的方面诸多。坐北朝南，二进七横。中为主堂，前后为厅，两头置祠，东西厢房，青龙、白虎、朱雀、玄武各就其位。史学、考古、地理环境学专家称王家祠堂的坐落和架构是对古代风水理论的自觉运用，也符合现代环境地理学要求，是风水环境学理论研究的最佳的实物实例建筑范本。瓦檐盖头姿彩纷呈。如意斗拱、变异斗拱、云缝斗拱、罩井斗拱、螺丝斗拱风格各异。古祠考专家称这些斗拱堪与北京故宫媲美。故宫皇家使用的斗拱模式为何王家祠堂允用而不避讳呢？这是今天研究王家祠堂的学者们心中的一个最大的文化悬念，由此证明了渔溪文化有相当高的发展起点和平台。

凡此，研究开发的内容不一而足。

2. 旅游文化价值

针对古村落的历史、地理、人文、建筑等可以理出旅游文化的内容，找出与旅游文化紧密联系的契合点，也可以产生文化旅游价值。

①古建屋宇建筑、镂饰具有旅游文化功能。

②古屋强大的文化内生力。衡阳乡村面积广阔，农村人口分布广，古屋的文化，尤其是人文历史久远，璀璨夺目。但是这些优秀的农事民俗、人文价值到如今，远没有发挥其应有的文化传播价值。就如渔溪一脉，文化旅游渊源深厚。文化就是力量，让千年王家祠堂永葆青春。在中华五千年文明历史的长河里，王家祠堂不断地创造出自己的文明，形成了以“忠孝耕读”为内涵特质的渔溪文化，搭建起了一条既能同自身发展想适应、又能同社会历史与时俱进的千年文化长廊，成为它在与不同文明的比较博弈中立于不败之地的精神脊梁。在这条长廊里，轩辕黄帝、周太子晋、春秋鬼谷、秦翦贲离、西汉通经致士、两晋兰亭第一书、唐诗宋词元曲明清小说，留下了清晰的历史印迹；在这条长廊里，古今许多文化巨匠、政治明星都以之作为自己的精神家园，吟佳句，寄情怀，表心志，留下了看得见、摸得着思想灵魂；在这条长廊里，记录着台湾抗法将军王三星、抗日名将王声溢、中国共产党早期党员王球等近、现代王家子弟为了国家民族的独立、解放、发展、复兴而敢于担当、不怕牺牲、锐意改革、开拓创新的英雄壮举和崇高精神……王家祠堂是“忠孝耕读”渔溪子孙和历史人物优秀思想的结晶，是一座名副其实的文化艺术殿堂，是高耸在现代文明中的古原生态文化丰碑。

③家训是古村落文化基本单元。衡阳琅琊王氏始祖王绍冕，字朝用，行一，宋太祖建隆元年（960）科进士，知永州府（今湖南省永州市）。妻欧阳氏，生子三，即王万庄、王万滨、王万韬。在王家的演绎过程，对于子女的教育自成一体。家规既有科学性更有实用性。王家为了家族的延续，有不少的义理之规矩。从德行、亲情、礼仪相尊、孝悌、重诗书、志向、谨慎为人、修身养性、勤奋持家等多方面予以阐释与实行。

④古村丰富的名贤教言、匾题对联是构成其源源不断繁衍家族文化的不息动力。还是以谱载《渔溪祠堂匾对》曰：“匾以浑括为宜，对取精工为美。上自朝庙官廨，下迄里巷间阁，值佳辰，逢胜境，颜以锦字，骈以丽句，由来尚矣。吾祠之有匾对也，悉经名人赠题，间亦子姓赞颂，昭彰耳目，炫耀门庭，录载谱中，远近咸识。”

总之，一座古村历经数百以至上千年的时间而不被岁月湮没，不仅仅是其雕梁画栋，也不仅仅是四梁八柱的坚实、牢固，根源在于其家族文化、村落文化。家谱、族谱的修列，本身就是村里难以枯竭的血脉文化的流传。感慨兴亡谁能定，质疑盛衰岂无凭。作为文化的见证者——古村落，连绵不绝到如今，其因就是存在于见之有形却无形的文化字符里。

第二篇

衡阳古村落生态旅游文化现状

第二章
衡阳古村落生态现状

一、中田村生态现状

（一）自然生态

1. 地理位置

常宁作为衡阳市的县级市，拥有比较丰厚的历史文化，在古村落的留存方面，亦有不少。其中以庙前镇中田村为著。依山傍水的中田村，尤以李家湾为要。

庙前因境内金龙岩，明朝建有庙宇而得名。

中田村位于湖南省常宁市庙前镇内，地理坐标：东经 112°07′，北纬 26°07′。中田村水运发达，陆路古有古道并设有古驿站，现有省道 214 线蜿蜒通向桂阳。与郴州、广州等城市，距常宁市区 45km，衡昆高速复线，将给中田村带来较为便利的交通。

2. 中田简介

中田原称麻畲田，因地处庙前街市之中，1961 年建大队时改麻畲田为中田大队。清乾隆元年（1736 年）庙前划属常宁，此后，中田李家成为常宁一员。

在常宁市南部的庙前镇，境东南界桂阳县和本市白沙镇、西岭镇，西接弥泉乡，北连罗桥镇，全镇面积 78. 6km^2，境内山地、平原、丘陵相间，土地肥沃，盛产稻谷，森林资源，矿产资源，旅游资源丰富。潭水源于桂阳天子岩，纵贯全镇，生态资源丰富。省道 214 线贯通全镇，南入桂阳，北达常宁，交通便利。虽经历明清、民国，至今仍为保存基本完整、颇具规模的明清古建筑，可与永州宁远县的中田村媲美。该村及其古建筑群具有极高的研究价值、历史价值和建筑艺术价值

湖南省衡阳市的常宁市中田村作为第一批具有重要保护价值的村落列入中国古村落名录。

（二）人的生态

古村，蕴藏丰富的文化遗产，古代宗亲文化、农耕文化、孝文化等内涵丰富，是解读常宁市地方历史文化的重要文化载体。

中田村民居发展最兴旺的时候有 800 多户，居住者多为李姓。现在，随着生活水平的提高，交通条件的改善，年轻人大都外出务工，村里很少见到年轻力壮的劳动者，只有稀

图 17　中田村卫星图

少的留守老人与儿童。在中田村流传着许多传说和人物故事。

1. 福五郎

中田村始祖，武官出身，明朝洪武二年（1369 年），由茶陵调守桂阳州（今桂阳县）。为了抵御匪盗抢掠，后由桂阳镇守常宁，永乐二年（1404 年）奉承旨在常宁实行军屯。一边发展生产，一边保一方平安。作战勇猛、深有远谋，屡立战功。衣锦还乡后，选中这块较为平坦之地，砍树伐林，背靠后山，修建房屋，娶妻生子。其子荣公娶妻雷氏，生长子吉恭开派在下麻田（今中田村）。繁衍子孙，聚族而居，40 余代，历时 600 多年。

2. 李世文

庙前镇中田村人，咸丰年间，任唐训方的副将，随安徽巡抚唐训方率军出征太平军。性格豪爽，乐于助人，见义勇为，经常与士兵们打成一片，可与梁山好汉李逵相比，为唐训方办了不少实事，建立了汗马功劳。

3. 月光塘传说之一

村前一塘，形似半月，雅称月光塘。关于村里的月光塘，有一个传说：月光塘始建于乾隆元年，面积数亩，横线长 27.6m，四周铺满青石板，共计 288 块。传说月光塘在未修好之前，中田村后有翠微峰形似猪形，故又叫猪形山，对面冲山村有一山叫虎形山，虎与猪相克，两势相较，形势对中田村非常不利。中田村村民感到很不安，传说中，有一地仙托梦于一老婆婆，在中田村禾坪中央修一弯弓形水塘，对准对面村庄，就可以压倒对方势力。月光塘修好之后，村子愈来愈兴旺，一直延续至今。

目前，中田村后的翠微峰形似猪形，是中田村的后山，正合中国古代前有好水后有靠山的风水原理。整座山像一个小巧的森林公园，是村民的天然的屏障。大理石质的山体，表面只有微薄的土壤。树木生长在石缝之中，郁郁葱葱。不乏珍贵的树木品种，国家一级保护植物有活化石之称的银杏等。

4. 月光塘传说之二

在常宁市庙前镇著名的金龙岩对面，有一个大村庄叫麻叶田。这个村庄居住着四百多户姓李的人家。整个村庄外貌成半圆形，全部一色的青砖瓦屋。村前，有一口形似半月的水塘叫月光塘，半月形的顶端有一条笔直的路，直对金龙。整个外形犹如一把强弩利箭，传说就是这把弓箭给麻叶田人们驱散了黑暗，带来了光明和幸福。

5. 月光塘传说之三

村口的月光塘，其形呈半月形，看起来就像是一张拉满的大弓。塘后的古民居，像一把随时上弦射向远方的巨箭，仿佛时刻保持着“箭在弦上”的状态。传说以前，中田村与邻村经常发生矛盾摩擦，甚至斗殴，关系紧张。后一智者路过此地，为化解矛盾，针对村民的心理，因势利导，建议村民民居前修一弯弓形水塘，与对面村 庄，形成“门当户对”，让村村之间友善和顺，不被欺凌。月光塘修好之后，村里人前来庆贺，杀鸡宰羊，好不热闹，从此，中田村与外村再也没有纷争、斗狠，相处友善，村落兴旺，一直延续至今。

（三）建筑生态

中田村的古屋，多为坐南朝北，背山面水，中间主屋高高矗立，紧挨主屋的厢房方正、无檐角，面向南方各开两扇高约 80 厘米的窗户，两边的厢式房子拱卫着主屋。体现出房子的建筑中正式美学，有一种对称美、整齐美。庙前中田古村；始建于明末清初，是一座典型的湘南明清古建筑群，保存状况完好。该建筑群坐南朝北，砖木结构，硬山顶，“金字屋”形制，无檐无廊。进深三进面阔三间，具有完整的排水设施。

中田村的古屋有明代的金龙岩石刻，有抗日战争中腊园口阻击战遗址，古巷、古道、古驿站，有湘南保存最完好、规模最大的古建筑群，风格独特。

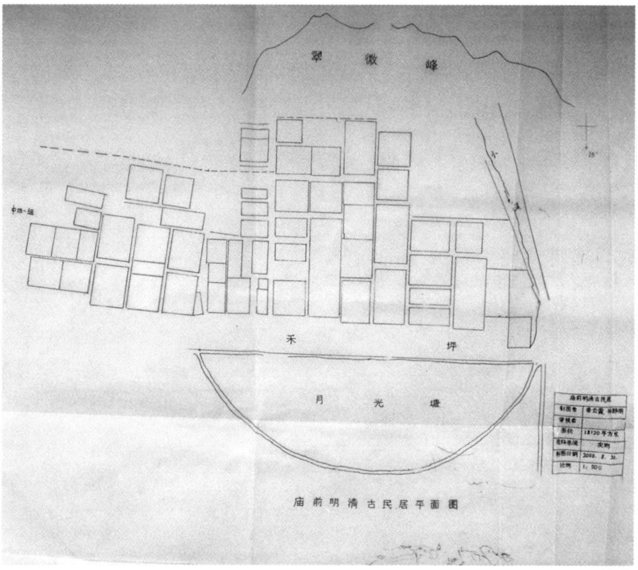

图 18　庙前明清古居民平面图

1. 布局与空间特点

始建于明代末期清代早期的中田，巷道铺以石板。街道商号林立，铺面的后面多为深宅小四合院，规划整齐，无廊无檐，多为进深三进，面阔三间布局，砖木结构，青砖砌墙，硬山顶，屋面覆小青瓦。梁架结构大多为通天柱穿柱造结构，厢房与过厅均为木板相隔。民国大多以砖墙替代。左右厢房、正房均为上下两层，木质槛窗的木雕图案、吊檐柱的荷花瓣造型等，均雕刻精美寓意深刻。石构件雕琢精细，大多为阴刻。古镇自古以来是常宁边域重镇，水运发达，陆路古有古道并设有古驿站，现有省道 214 线蜿蜒通向桂阳。

古镇建筑风格独特，竹山堰环绕镇而过，古镇有 2 条小溪穿镇而过,。虽部分街道被修整，但“骨架”尚存，有的路段仍是石板路面，细部亦保存完好，依据保存古镇的结构、构造和样式可以整体修复原貌。

图 19　中田村全景图

庙前中田村古村落整体环境保存良好，其内保留了明代末期、清代初、中、晚期及民国时期的石构件 1000 多件，梁架及其他木构件大多保留了清代晚期至民国时期的风格。整个古民居依南高北低的地势而建，规划整齐，无廊无檐，多为进深三间，面阔三间布局，砖木结构，青砖砌墙，硬山顶，屋面覆小青瓦。山墙多为“金字屋”形制，山墙檐大多设计简朴，也有仿斗拱式如意装饰的，巷面多安有槛窗。

图 20　山墙檐装饰—金字屋

2. 木构件

该古民居的木构件大多更换多次，主要以清代中期为主流。梁架结构大多为通天柱穿柱造结构，厢房与过厅均为木板相隔。民国大多以砖墙替代。左右厢房、正房均为上下两层，木质槛窗的木雕图案、吊檐柱的荷花瓣造型等，均雕刻精美、寓意深刻。

图 21 木构件

图 22 阁楼上木结构

3. 石构件

雕琢精细，大多为阴刻。例：石质门纬上的“如意穗”“龟背图”门楣上的“龙须”，门簪上的“荷花”、“八卦阴阳”，门墩、骑虎上的瑞兽祥图、花草纹饰等。石础形制变化多样，内容丰富，代表了不同时代的特征，如锅盔式石础、覆盆式石础、架子鼓、南瓜瓣式石础等。

图 23 石构件

4. 文书房

文书房是明宦官机构名。掌接受通政司每日封进本章及会极门京官与各藩王所上封本。其在外之阁票拟，在内之搭票，皇帝旨意御批，皆由文书房落底簿发。设掌房十人，办理上述事务。凡宦官升司礼监者，往往由文书房出任。古镇文书房是仿照明朝建立起来的，充分体现了江南小镇建筑特色，被审定为湖南省重点文物保护单位。

图 24　文书房

5. 祠堂

宗祠，又称宗庙、祖祠、祠堂。是供设祖先的神主牌位、举行祭祖活动场所，又是从事家族事务活动的地方。民间建造家族祠堂，可追溯到唐五代时期。莆田刺桐金紫方氏祠堂，便是建于唐末。

据清初《光泽县志》载，当地“从前各族宗祠无几，近数十年，凡聚族而居者，城乡多各建祠。春秋祭祀，序昭穆，崇功德，敬老尊贤，颇有追远睦族遗意。”（清·乾隆《光泽县志》卷四《舆地志·风俗》）一般家族不仅有一族合祀的族祠、宗祠（或称“总祠”），族内各房、各支房，往往还有各自的支祠、房祠，以奉祀各直系祖先，李氏宗祠故此得名。

中田古民居总祠堂—长公祠，位于中田古民居西北部，原址已不存，现为清代中期以后重建，正门已毁，占地面积 476.55m^2。现保留了“明慧祠堂”分祠堂。

图 25　李氏宗祠

图 26　明慧祠堂

6. 天井

水是村落生产生活不可或缺的要素，家家户户都离不开井，为了便于汲水，井的周围多用条石砌成井台。天井是四面有房屋、三面有房屋另一面有围墙或两面有房屋另两面有围墙时中间的空地。南方房屋结构中的组成部分，一般为单进或多进房屋中前后正间中，两边为厢房包围，宽与正间同，进深与厢房等长，地面用青砖嵌铺的空地，因面积较小，光线为高屋围堵显得较暗，状如深井，故名。主用采光，排水。

7. 古巷木制栅门栓洞

清代时期，用古巷木制栅门来在巷道设立防盗门，而古巷木制栅门栓洞则是放在地上的那一部分，古巷木制栅门不仅用来防止小偷、强盗，还有利于宗祠的管理，充分体现了民族特色。

图 27　天井

图 28　天井

图 29　古巷栅门

8. 装饰艺术

庙前中田村古村落整体环境保存良好，其内保留了明代末期、清代初、中、晚期及民国时期的石构件 1000 多件，该建筑始建于明代末期清代早期，整个布局整齐，古巷以经纬线布局形成了整体建筑建造风格它保留了明清时代的建筑风格。巷道铺以石板。街道商号林立，铺面的后面多为深宅小四合院，规划整齐，无廊无檐，多为进深三进，面阔三间布局，砖木结构，青砖砌墙，硬山顶，屋面覆小青瓦。梁架结构大多为通天柱穿柱造结构，厢房与过厅均为木板相隔。民国大多以砖墙替代。左右厢房、正房均为上下两层，木质槛窗的木雕图案、吊檐柱的荷花瓣造型等，均雕刻精美寓意深刻。石构件：雕琢精细，大多为阴刻。例：石质门纬上的“如意穗”“龟背图”门楣上的龙须，门簪上的“荷花”“八卦阴阳”，门墩、骑虎上的瑞兽祥图、花草纹饰等。石础形制变化多样，内容丰富，代表了不同时代的特征，如锅盔式石础、覆盆式石础、架子鼓、南瓜瓣式石础等。

中田村古民居群每条巷口都有木门设计，既相互独立又相互联系，有完整的排水设施。其石天井设计巧妙，图案精美，有“四水归一”之寓意。青石古巷阡陌纵横，两侧均有排水暗沟。屋后有明沟且户户相通，形成一体，与古村落落旁的小溪流汇合流入古民居前的月光塘，数百年来从没有遭受过水灾的侵袭。

从整体上观，屋内建筑多为砖木结构，它坐西朝东，气势恢宏，规划齐整，栋栋独

图 30　石雕刻

图 31　架子鼓石础

图 32　南瓜瓣荷花式石础

立，引水排水，设施完善，青石巷廊，石木雕刻，美轮美奂。院内祠堂居中，左右按五房长幼顺序排列。院外书斋、武馆、戏台、尽皆豪华精致。中田李家湾建于明永乐二年，在清代中期，始具规模，虽历数百年的风雨剥蚀，至今仍保留着从清康熙四十八年（1709年）到“民国”后期的旧宅一百多栋，天井二百多个，巷道一百零八条，建筑面积达一万四千多平方米。院内居民最多时达八百多人。也许是为了防御外敌需要，中田李家湾小巷纵横交错，中规中矩，直行相通。宽仅容两人，房屋栋栋独立如碉堡，又互相照应，青砖墙体，石质门框，顶无廊檐，几乎用箭孔替代木窗。外敌来侵，栋栋独立为战，又能相互配合。

从最南边的那纵古房子入内走起，发现每座堂屋居两户人家，堂屋前各有一个精致的石墩和一扇石屏，台阶下是一个不大的天井，天井两边各是一个厢房。后面就是一纵又一纵，紧密相连的老房子。

李家湾房子里面，陈设的太师椅做工考究，镂空的雕花，交错盘旋，随时年代久远，岁月的痕迹依然在椅子与长条形凳子上依然可见中式美学思维。中国人的儒家思想，讲求中庸，淡化直接冲突，这种儒家的温柔敦厚在主人的家具上亦可窥见一二。

由于中国位于北半球，大部分陆地处于北回归线以北，一年四季的阳光从南往北照射，朝向为南的房子利于采光。从光的作用来看，阳光既给予人温暖、增强人的免疫力，又参与人体维生素的合成、消灭空气里的有害细菌。中田村李家湾的朝向，体现了主人施工建筑的经世致用。一旦有匪徒侵入，只要守住大门，就无从破解。如果从屋顶下袭，就无檐可以攀附；如果采用火攻，就有青砖黛瓦、石质门框、石条大门，排列有序，错落有致，亦是徒劳无益。在冷兵器时代以及无中远程重火器支持的情况下，要想攻入屋内是为难。外攻者没有依托，内守者有凭，也许正是李家湾进退有据，才会使其虽历经数百年的风霜雨雪、烽火硝烟依旧保留至今。那古民房建筑分每栋独立而建，栋与栋之间，以约2m 的距离相隔。

该村依山而建，面向水塘，正符合堪舆学建筑原理，讲究人与自然的和谐相处。面向水塘的建筑，整齐划一，有一种方正规则。自下依山势而上，从外观看，这些房子的高矮宽窄多是一模一样的，每座民宅的堂屋上下是相通，错落有致。堂屋两边的石条耳门与巷子相连，巷子约二米宽，下有水沟，并排三人略显拥挤，直通到底，都是青石板铺就。墙体为青砖，一层层铺排、筑就。一间屋，屋子气息古老；一片墙，墙体斑驳；一扇窗，窗户古旧。那些残存的古老遗迹，如同一本本厚厚的历史书，那一面面爬满苔藓的古砖墙，那一块块古石屏，那一个个古石墩，那一扇扇古石条大门，无不告诉人们中田村建筑历史的久远；而村里仅剩不多的几位老人，依然居住在古屋里，似乎在等待外出务工亲人的回归，也似乎在诉说过往。

颓圮的篱墙流泻出昔日的繁华。沁凉的青石板，磨砺出岁月的久远，青石古道与古树绽放出的绿意相映成趣，斑驳的屋墙似乎诉说着古屋的传奇。这座村落，世事沧桑，静待着人们去回味、咀嚼甚至扼腕。古村落的建筑在逐渐走向破损、衰落，依稀可见的雕花、陆离斑驳的老墙、磨砺光滑的青石板，似乎在寓意远古的传说，又似乎在期待着解读。

走进巷子，清幽的巷道展现一片宁静。巷道曲折与直进，连接着不同的房栋。中田村民居有青石板巷道纵横交织。主要原因也许在于大理石藏量丰富，大理石的坚硬耐磨、经久实用、随地取材，便捷顺当就成为中田村建设的最重要的材料。从整体上的梁柱到局部的门框多以大理石为主。这样，也无形中给村民带来了很大的安全感。即使有偷盗之事甚至外敌入侵，由大理石建筑而成的房屋，就是最牢固的防御方式。哪怕用火攻，也是在石砌的墙体与只有几个狭窄的通气孔面前，无计可施。即使用水攻，再强劲的水柱落在屋檐或房顶也会在四通八达的排水设施的作用下，无可奈何。即使在里面不小心发生火灾，每栋屋内，都设计了储水的水池。尽管屋内光线较为暗淡，但天井、蓄水池的排水管道，藏而不露，既美观，又实用，较之当代的 pvc 质的管道更为经久耐用。这种房屋的设计与布局，有效地避免了洪涝灾害，特别是火灾。

（四）民俗文化生态

600 多年历史的中田村民俗文化丰富多样，且独具一格，带有浓郁的地方气息，主要民俗如下：

1. 民间岁时节庆

中田村的岁时节俗有：极富风情的春节、灯火辉煌的元宵节、二月二，吃鸡蛋、寄托哀思的清明节、纪念屈原的端午节、祭祀故人的中元节、人圆月圆的中秋节、登高望远的重阳节。

2. 民间演艺

渔鼓戏唱腔分平腔、悲腔、鱼尾腔（或曰凤尾腔）、琵琶腔、杂花腔五类。演唱者使用真假嗓音，音阶跳度大，音域宽，音色美，高亢，婉转，传情达意，十分动人。其中，渔鼓戏中的男女悲腔，酷似江汉平原妇女哭声和花鼓戏悲腔，哀怨凄凉，催人泪下。特别是每段唱词尾句的“抖包袱”（艺人叫“扣子”），为一唱众和的“帮腔”（称为“甩腔”），以“哎、咳、呀、哟”等衬词，补充延伸词意和乐意，扩展曲式结构，在长达十多个音节或几十个音节的和唱中起伏跌宕、气势雄浑、节奏明快、声情并茂，分外悦耳动听，使人久听不厌。

3. 特色饮食风俗

中田村油豆腐、古村腊肉、烟竹笋，野菜山味，如马齿苋、泥蛙、斑鸿、野鸡、野猪等。中田村年夜饭饭俗、中田村茶俗。

4. 除夕辞年活动

中田村人极为重视且最具有风情的是春节，俗称过新年。从皓月中旬开始，一直要闹到正月十五元宵节。吃团年饭以前，要以分支屋场为单位统一到祖先堂祭祀祖、祭天、祭祀，活动庄严肃穆，是维续家庭团结和秩序的一个议程；其次在守岁的过程里，小孩子的辞岁最有特色：因同祖同住一大屋，故小孩在除夕夜要手提灯笼和提蓝，在大屋各堂间穿梭，口里唱着“恭喜恭喜过了热闹年，发财发财红包全拿来”，到各家辞年、讨压岁钱和点心、果子。

表1 中田村古村落景观要素

名称	简介
月光塘	村口的月光塘，其形呈半月形，看起来就像是一张拉满的大弓。塘后的古民居，像一把随时上弦射向远方的巨箭，仿佛时刻保持着“箭在弦上”的状态
文书房	文书房是明宦官机构名。掌接受通政司每日封进本章及会极门京官与各藩王所上封本。其在外之阁票拟，在内之搭票，皇帝旨意御批，皆由文书房落底簿发。设掌房十人，办理上述事务。凡宦官升司礼监者，往往由文书房出任
明慧祠堂	中田古民居总祠堂—长公祠，位于中田古民居西北部，原址已不存，现为清代中期以后重建，正门已毁，占地面积476.55m^2。现保留了“明慧祠堂”分祠堂
天井	天井是四面有房屋、三面有房屋另一面有围墙或两面有房屋另两面有围墙时中间的空地。南方房屋结构中的组成部分，一般为单进或多进房屋中前后正间中，两边为厢房包围，宽与正间同，进深与厢房等长，地面用青砖嵌铺的空地，因面积较小，光线为高屋围堵显得较暗，状如深井，故名。主用采光，排水
古巷木制栅门栓洞	清代时期，用古巷木制栅门来在巷道设立防盗门，而古巷木制栅门栓洞则是放在地上的那一部分，古巷木制栅门不仅用来防止小偷、强盗，还有利于宗祠的管理，充分体现了民族特色

二、沙井老屋村生态现状

（一）自然生态

1. 地理位置

衡阳市祁东县的沙井村位于祁东县风石堰镇内，该镇地处祁东县西中部，位于东经112°51′26″~112°58′26″，北纬26°41′21″~26°53′42″，距县城11km，镇内有风陂堰和石堰，取两堰之首字而得名，湘桂铁路和322国道平行过境。东与永昌，玉合街道毗邻，南与双桥镇接壤，西与白地市镇相抵，北与马杜桥和衡阳县关市镇接交。1995年5月撤区并乡时，由原风石堰镇、毛坪乡、花屋乡、紫冲乡合并而成，总面积110.9km^2，耕地面积3.2万亩，山林面积8.02万亩。2015年10月全县并村改革，全镇43个行政村、1个居委会合并成 15 个行政村、1 个居委会，总人口 57663 人。

2. 沙井村简介

风石堰镇的沙井村是一座魅力古村，它是第二批中国传统村落，该村距离祁东县城 20km，距离衡阳市城区 65km。沙井村最具代表性的就是沙井湾古民居，这座老屋坐南朝北，三面环山，气势恢宏而不张扬，古朴简约而富含神韵。一条溪流从院落前潺潺流过，溪水清澈见底，宛如一条玉带依偎着古老的村庄。

沙井村落发展踪迹脉络清晰，村里的清代民居群，历经清朝至今二百余年的修葺、保护与不断地拓展延绵而代以承传形成了如今的模样，是我国湖南潇湘流域典型的封建农业聚居村落。举目望去，沙井老屋背山面水而筑，东面玉峰矗立，群山如黛；西面一马平川，万顷良田；院后有小丘环抱，树木葱茏；院前有小溪潺潺流过，宛如一条玉带环绕古村，好一幅建筑与山水和谐相融的湘南民居风景画。村前小溪之上，有一座清代石板桥，古时是进村的必经之道，护桥三墩两段，桥面由三块石板构成，其中最大的石板长 4m，宽 1.2m，厚约 0.3m。古桥和老屋的石料均取自离这 10km 的黄土铺，运一次石头要近半个月时间。沙井人素来重文，这桥头边有一座文昌塔，可惜在文化大革命时被毁。

蛮石砌基，青砖筑墙，杉木构架，灰瓦盖顶……这是祁东县沙井古屋群的写照。庞大的古屋群坐落于山环水抱中，屋前田野广阔，阡陌纵横，呈现出勃勃生机。古屋坐东北朝西南，砖石土木结构，高二层。中院为“三进四厢”，北院为“东西屋夹五横屋”，南院为“一正屋四横屋一小院落”。

从鳞次栉比的屋脊走向可以看出，大院为“三进九厅十八井”构架。占地面积约 18 亩，建筑面积在 10000m^2 以上，如此规模的民宅，在衡阳境内目前恐怕是很少见，是目前祁东乃至衡阳规模最大的古民居之一。沙井老屋是古民居瑰宝。2013 年被列入中国古村落名录，2015 年被衡阳市人民政府公布为市级文物保护。走近老屋，从外到内，大门、中门、前天井、两廊庑和正堂屋尽收眼底。古民居有庄院两处，上沙井院与下沙井院相距 300 余米。下沙井院系上沙井院后裔所续建。下沙井院石墙上题字落款为宣统元年（1909

图 33　沙井村老屋面貌

年）己酉十二月十三日子时竖造。庄院呈长方形，南北长约 200m，东西纵深约 77m。有大门、正厅、南北厢房及四周景房，共计 120 余间房。庄院坐北朝南，环境清幽，建造精致，木刻、石刻保存较好。古民居距祁东县城 20km，直达公路，交通便利，是一理想的旅游休闲的景点。

这里，土地肥沃，物产丰盛，是声名远名的“鱼米、辣椒、高笋、白菜之乡；”每到夏秋时节，辣椒基地翠绿欲滴、火红欲燃，槟榔芋、生姜、白菜、高笋、黄花、圆葱、席草等农特产，夜以继日地在街道两旁集装，销往全国各地。柑橘、柰李、桃子、板栗等庭院经济基地，四季果满枝头，任你尽情品味。马头羊、黑山羊、黄羊，成为农民鼓腰包的法宝。

（二）人的生态

1. 沙井古屋

沙井村位于湖南省衡阳市祁东县风石堰镇西北面，祁东县城以西 20km，东至衡阳市 65km，东南距风石堰镇区 7.2km。它东临和平村，南接锦华村，西面毗邻白地市镇，北接马杜桥乡，省道 218 线穿境而过，由原沙井村、先锋村合并而成，全村共 30 个村民小组，840 户 3153 人，区域面积 4.97km^2，耕地面积 2842 亩，第二批中国古村落、市文物保护单位“沙井湾古民居”坐落于此。

沙井湾古民居位于风石堰镇沙井村，距县城 20km，省道 S218 擦肩而过，交通便利。沙井湾古民居为一刘姓家族的庄院，据传有约两百年历史，庄院分上下两院，相距超 300m。

新中国成立后，刘家产业在土改中被全部充公，其宅院也被 100 多户外姓人家分而居之，目前在沙井上院老屋居住的 30 余户没有一个系刘家嫡系传人，故古居的具体建筑年代以及刘氏族谱，也无法一一考究。

沙井下院系清朝宣统元年己酉十二月十三日子时刘贤灿所创。刘贤灿艰苦创业，勤俭持家，克勤克俭，营谋有方，开创了刘氏家族几代的辉煌。子孝孙贤，人才辈出。刘氏后裔中有人及第，有人像贤，亦有人纯武，更有人继承祖业。

2. 刘氏子孙

刘贤灿的曾孙刘宋生曾担任国民党湖南省参议员，省参议员的名额极其有限，一般一个县级只有一个名额。刘宋生担任参议员期间，经常为穷苦百姓排忧解难，深受大家的敬仰。刘宋生故居两侧券门石头上刻着一副对联，右边是“群材成大厦”，左边是“凤凰栖高梧”，已经被砖砌住看不见了。及第四代刘湘屏，继承祖业；刘西屏曾任国民党县政府秘书，后任教书先生；刘堃屏曾与周恩来总理一同做党的地下工作；刘新屏系黄埔军校 06 期毕业生，任国民党师长；刘亚屏任国民党县政府秘书。第五代刘学沛，曾任福建福州社会科学院院长；刘醒夫，曾任湖南省纪委副主任兼工业处处长，退休于省政府。刘氏家族后裔现有 200 人左右，有 100 余人在福建、海南、广西、广东、江西、天津等省（市、自治区）工作，子孙遍布全国大江南北。一方水土，养一方人。刘贤灿财主勤俭持家、艰苦奋斗，开创了刘氏家族几代的辉煌，人杰地灵，人才辈出。刘氏家族至今后代有 200 人左右，100余人在包括福建、海南、广西、广东、江西、天津等省（市、自治区）。

勤劳、智慧、勇敢、有为的沙井村人，自始祖刘贤灿创基定居于此以来，祖祖辈辈七、八代人相承传扬，在这片山环水抱、优美而富饶、神奇而隽秀的土地上，以务农为本，日出而作，日落而息，辛勤耕种，繁衍后代，壮大家园。他们以血缘关系为纽带，同姓同宗，聚居一村，携手走过了一百多年漫长的历史岁月，共同创造了属于他们自己的五彩斑斓的农耕生活和充满活力与传奇意蕴的农耕文化。他们相互依存，血脉相连，肝胆相照，意气相随，团结互爱，和睦一家，沿着祖辈开辟的耕读道路，一如既往地生活下去。他们无论是一脉相承的儒家思想道德，还是代以秉承的孝悌祖训，抑或是耕种养殖的生产方式，还是相濡以沫的生活习气或风土民情，都不曾有更多更大的改变。由之体现的历史文化承前启后的村落历史生活的延续性特点，是如此的鲜明而具有特质。这即使在最讲究人伦道德的中国，也是不可多见的奇观。这种文化现象连同它的载体，足以吸引世人的目光。

（三）建筑生态

沙井村的代表建筑为沙井古屋，原为一刘姓家族的庄院，始建于清朝道光年间，距今约190年的历史，占地面积12400m^2，建筑面积18100m^2，古屋的整体结构呈猪腰形，坐东北朝西南，砖石土木结构，高两层，南北长约200m，东西纵深77m。古屋由南、北、中三个院落组成，有大小房屋200间。它是祁东县乃至衡阳市规模最大的古民居建筑群，也是独具院、堂、井、廊、弄、亭于一体的特色湖湘民居。

1. 古村落建筑群

沙井村古村落原为一刘姓家族的庄院，据当地老人口传约两百年前建成，庄院分沙井老屋院和沙井新屋院两处，相距300余m。沙井新屋院系沙井老屋院后裔所续建，院内石墙上题字落款为宣统元年己酉十二月十三日子时筑造。

古屋有石头刻着一行娟秀的小字，上面是大院建造的工匠名字：石匠陈光明，木匠王肇众，砌匠刘肇佑，瓦匠刘景佑。这叫“物勒工名”，相当于我们现在的实名制，便于对房屋质量进行监督，也是工匠的自我宣传。

有青砖上面也刻有字“同治甲戌年监造”，这可能是房屋的建造时间。目前老屋里发现了三块刻有年代的青砖，年代都不一样，说明沙井老屋历经了多次扩建。

沙井老屋院坐落在化龙町东部，砖木结构，高两层，120余间房子，为“三进九厅十八井构架”。庄院建造精致。门窗都有木雕装饰，或穿花、或浮雕、或木刻，缀以花草虫鱼图案。廊前屋首、柱基等石件上雕有龙、凤、麒麟、狮子、喜鹊、画眉等飞禽走兽图形，也有祁剧戏剧的场景，至今图像依稀可辨。沙井新屋院建筑风格与之相近，规模略小于沙井老屋院。坐北朝南，环境清幽，屋宇井然，木刻、石雕保存较好。

2. 屋院门厅

老屋原来建有三道围墙，用于防盗防匪，现在仅剩一道院墙。这道院墙有点特别，墙体上设置了两堵高大的马头墙，封闭的院墙因为有了马头墙，而显得错落有致，产生一种动态的美感。老屋院大门上有石刻：山迴水抱，诚如斯言。老屋的大门以及长方形石墩

“门当”，与整个老屋规模相比，略显小气。中院是沙井老屋的中心，中院的正门不高，门框、门槛、门当等构件也不怎么精致，这与整个老屋的规模不太相称，这是因为中院是最先建造的，当时刘先灿的财力还不算丰厚。相传老屋主人艰苦创业，勤俭持家，历经三十余年才建成沙井湾豪宅，家底丰厚却很低调，秉持“内敛不露富”的持家原则。又传老屋大门前田地原归他村刘氏家族所有，即使是黄金铺地，也不愿将自家土地出让给刘贤灿财主建房，因此院落只能绕过刘氏田地，形成了如今的村落格局。跨过正门进入第二道门叫中门，这扇门平时不开，从两侧小门出入，只有红白喜事或达官贵人到来时才开。过了中门是天井，穿过天井才是进入古屋的正堂屋。

3. 古屋庭院

沙井古屋庭院内共有 18 个天井，中院的天井是最大的一个。天井实用功能是解决室内采光和通风的问题，它也赋予了人们“天降鸿福”“四水归堂”的向往。天井的地面都是就地取材，用溪里的鹅卵石铺设。

沙井古民居布局合理，层楼叠院，纵横交错，相互毗邻，疏密有度，紧致规则。巷子成行，排列有序，房屋主次分明，厅房、住房、厢房、客房、厨房、茅房搭配得当。中院的正堂屋是举行祭祀、重大仪式和处理家族大事的场所。堂屋两边原来是穿堂，贯穿南北。在整个老屋里，穿堂、游亭、巷道、走廊纵横交错、四通八达，它们将众多建筑分割成各自独立的整体，又是连接每个整体之间的纽带和桥梁，使庞大的院落交往自如，随便从哪一家都可以走向全村，即使刮风下雨不打伞都不用担心被淋湿，夏天晴日当空也不用担心被太阳暴晒，可谓“晴不曝日，雨不湿鞋”。

沙井老屋里的房子，除了厨房、杂屋是一层外，其余都是两层。院内屋宇对称，巷巷相连，采光通风，防火防盗，自然贴切。房屋一层为青砖铺地，二层为木楼构架，是小姐住的闺房。屋顶为桁条、椽皮、青瓦盖顶，居住其中冬暖夏凉。

庭院自清代晚清开始营建，通过合理的布局，巧妙的设计，将人文景观融入自然，体现了古人“天人合一”的哲学审美观。庭院中的人文景观现已湮灭，仅存庭院残垣。

4. 浮雕石刻

沙井老屋建造精致，布局合理，游历其中你除了会折服于它的科学布局，也一定会对它的雕刻工艺发出赞叹。这里也可以说是民间艺术的宝库，有石雕、木雕、灰塑、彩绘，保存较为完好的浅浮雕石刻，工艺精美，造型逼真，千姿百态。内容多取于自历史人物，神话传说，民间吉祥，风物花卉等，图案精美绝伦，或人物、或瑞兽、或花鸟、或龙凤，无不栩栩如生。“福”“禄”“寿”“喜”“财”是我国古民居建筑装饰中的五大核心题材，其中隐含着深厚的中国吉祥文化内涵，石雕多借助会意、谐音等手法表达深厚的中国吉祥文化内涵。刻有梅花鹿、燕子的图案，燕与晏同音，意为平安，鹿与禄同音，合在一起就是平安求禄的意思；刻有豹子、喜鹊图案，豹与报同音，意为喜报频传。石雕造型生动，刀法细腻，充分显示了我们湘南古代匠人的精巧与智慧。

5. 墙体彩绘

在沙井古建筑围墙和房檐墙壁上不时会发现生动彩绘，不仅美观，而且有一定的防水作用，增加了建筑物寿命。壁画图案简练，线条流畅，彩绘的内容丰富多彩，多取自戏曲人物、神话传说、民间吉祥风物、花卉等，年年有鱼、鸳鸯戏水、风物花卉、民间吉祥等无不绘制得栩栩如生。图必有意，意必吉祥，古屋里的图案运用的多为象形、会意、谐音等手法，每一幅图案都有一定的寓意，两只喜鹊是“喜上加囍”，寄托着主人对幸福、美好、富庶、吉祥的向往。

6. 排水设施

中国古建筑的防水有着“以排为主，以防为辅”“多道设防，刚柔并济”的理念。老屋屋顶排水采用常见的坡屋顶结构的自然排水，其特点就是屋脊高、坡度陡，目的就是利用陡坡使水急下，再巧用惯性冲出檐外。屋顶使用瓦片作为建筑材料，也是起到防雨的作用。

古屋强大的地表排水能力，来自各种或明或暗的导水沟渠的有效配合。古屋内有许多青石排水沟和储水沟：包括明沟和暗沟在内，每个小院落都有排水沟，排水合理，设计科学。在南方多雨季节即可防止内涝，又可在少雨季节适量蓄水。

图 34　青石排水沟

图 35　储水沟

7. 道路铺装

院落大门连接正厅屋的是青石板铺路，阶级和走廊采用长条青石板奠基，方形石板横砌，规则中蕴藏变化，形式丰富；屋檐走廊采用长条青石板奠基，方形石板横砌，便于雨天行走。

图 36　青石板铺路

图 37　鹅卵石铺路

其他行人路都是鹅卵石铺就，花色繁多，形式多样，视觉效果很好。行走其上能起到足部按摩作用。鹅卵石铺路既能防止路面因积水而引起的路滑现象，还能起到足部按摩的作用，更能保护地下生态环境，防止由于地下水干涸而造成的地面下沉。

老屋采用青砖与鹅卵石铺路对院落的排水也是很有帮助的。青砖本身渗水透气性就不错，鹅卵石就更不用说了，雨水透过青砖和鹅卵石渗入地下，通过地下水系统缓冲和渗排出去，院落就不会形成积水，影响雨天的行走。

8. 沙井石凳

沙井石凳形式多样，龟寿石凳、悬壁石凳、雕花圆凳、瑞兽方凳等，形式丰富多变，雕花精美绝伦。

9. 沙井古井

位于沙井老屋院内，建于清代晚期，青石砌井裙、井坪、井罩。

10. 沙井古树

村内至今尚存许多明清时期栽种的古树，多为樟树，树龄在 200~600 年不等，有的根深叶茂，浓荫蔽日，有的盘根错节，古拙沧桑，为沙井村古建筑平添了几分清幽的古韵。沙井村种植了这么多高大的树木，据说是当时有个风水先生“刘半仙”向刘贤灿提出老屋东面的玉峰山不够雄壮浑厚，也就是说靠山不足，要种植高大树木来破解，这样才能人财两旺。刘贤灿听从了建议，在村里和玉峰山上都种植了很多樟树、桢楠。

11. 荷花池

院内有一处荷花池，原为内院一处小花园内，用储备的雨水在花池种荷花养鲤鱼。有传当年荷花怒放，鲤鱼戏水，好似一番欣欣向荣的景象，体现了老屋主人闲情逸致，追求生活品质的高尚情操。古民居主人在科学筑宅、追求物质生活满足的同时，又享有那种闲云野鹤、寄情山水的道德情操。

图 38　荷花池

12. 水系驳岸

位于沙井河两岸，绕村一段全部以料石砌成，全长 100m，堤岸两边绿树成荫，不但能防止村落水土流失和洪水侵袭，更构成了一道独特美丽的乡村风景线。

表 2　沙井村古村落景观要素

名称	简介
古村落建筑群	特色浓郁，整体风格基本一致，具有晚清民居深宅大院建筑格调
屋院门厅	三进五开间，三级跳马山墙，翼角飞翘，天井开敞，空间高阔，祖堂屋存神龛，堪称古代宗祠代表作
院落庭院	布局合理，设计巧妙，体现了古人“天人合一”的哲学审美观
浮雕石刻	内容多取于自历史人物，神话传说，民间吉祥，风物花卉等，图案精美绝伦
墙体彩绘	彩绘的内容丰富多彩，年年有鱼、鸳鸯戏水、风物花卉、民间吉祥等
排水体系	青石排水沟和储水沟
道路铺装	青石板铺路和鹅卵石路
石凳	形式丰富多变，雕花精美绝伦
古井	青石砌井裙、井坪、井罩
古树	香樟古树，树龄 200 年-600 年不等
荷花池	体现了老屋主人闲情逸致，追求生活品质的高尚情操
水系驳岸	料石砌成，河流两岸，全长 100m×2m

三、宝盖村生态现状

（一）自然生态

衡南县因地处南岳衡山以南得名，下辖 22 个镇、3 个乡。其中宝盖镇是原宝盖乡与樟树脚乡合并而成。宝盖镇辖 31 个村，2 个居委会，人口 4. 68 万人，总面积 176. 5km^2。该镇位于衡阳市区东南约 45km 处，东界安仁县，西接冠市镇，南毗耒阳市，北邻衡东县，距京珠高速公路 13km，距江口鸟洲 12km，故有“一鸡叫四县”之说。

宝盖村隶属于湖南省衡南县宝盖镇，位于镇政府以东 0.5km 处，地势西北高，东南低，是极具衡阳特色的风景宜人、历史悠久、产业兴盛、民风淳朴的古村落。该村下辖有 6 个村民小组，现有耕地 3140 亩，其中公用地 272 亩。

宝盖村的位置符合中国古村落的环境空间的普遍特点：依山傍水、靠近水源。一方面，依山傍水，生产生活方便；另一个更重要方面，是受到了人类亲近自然、融于自然、与自然同生同息的有机自然观的影响。所以，“人之居处，宜以大地山河为主”，宝盖村建构了一个充满生机的聚居空间体系。古村四面青山环绕，地势后高而前低，自然生态环境优美。东侧溪流沙河不仅为全村提供了生活用水，而且灌溉了村落周围的良田。村中众多的水池不仅满足了村民的生产、生活需要，而且也调整了建筑群的气候。

宝盖镇土地肥沃。境内山有珍稀，地有矿藏，蕴藏着金、钨、锰等贵重金属，具有广阔的开采前景，成为外商看好宝盖的一个重要吸引力。有传闻言：“乡愁宝盖镇，烟叶排第一；一鸡鸣四县，衡炎古道悠；杏林秋色景，石湾溶洞奇；丹霞菩萨崖，传奇迷仙湖；恢宏古民居，观止宝盖行。”充分体现了宝盖丰富的自然和人文景观资源。古镇山清水秀，风景秀丽，山水兼蓄、民居点点，是生态旅游的好去处。

宝盖素有“水果之乡”“鱼米之乡”“木材之乡”等雅称。山区丘陵地理位置特点，使得宝盖呈亚热带季风湿润气候，四季分明，气温适宜。降水丰富，土地肥沃，冬寒期短，无霜期长，十分适宜罗汉果等中药材的种植。2007 年初荣获“省级生态农业旅游示范点”，2009 年获湖南省“环境优美乡镇”，2011 年被评为湖南省旅游名镇。

宝盖三宝（银杏果、有机茶、罗汉果）是当地著名特产。银杏果有延缓衰老、美容养颜、预防心脑血管疾病等保健作用。有机茶在生产过程中不使用化学合成的农药、化肥等物质，遵循自然规律和生态学原理，采取一系列可持续发展的农业技术，维持农业生态系统持续稳定发展。罗汉果对于治疗急性扁桃体炎、咽喉炎、急性胃炎都有很好的疗效。

（二）社会经济生态

1. 农副产业

衡南县宝盖镇地处优质绿茶产区，为四季红壤，无任何污染，适宜种茶。这里温润的气候、肥沃的土质，为发展有机茶产业提供了得天独厚的条件。宝盖村建有千亩有机茶出口基地，距镇政府约 2km，茶园面积 600 余亩，厂房面积 1360m^2，是一座集茶叶栽培、生产、加工、销售、技术交流、科研推广为一体的现代有机茶场，也是国家农业综合开发企业。茶园种植的茶叶品种是国家级优良品种，采用无性繁殖、扦插技术的种植方式，使用农家饼肥肥料，主要茶叶品种有褚叶齐、福鼎大毫、碧香早、白毫早、茗丰等，确保了茶叶的品种纯、无污染。其中公司拥有自由出口权，宝盖村绿彤有机茶，获湖南农产品金奖，远销德国等欧盟国家和地区，价格高达 960 美元 1kg，年创外汇 60 余万美元。作为省级生态旅游农业示范点，乡村旅游发达，每年 3~5 月为采茶高峰期。茶厂将宝盖镇风景区与茶园合二为一，开发游客采茶、制茶、品茶等体验项目，吸引了大量游客前往。

图 39　宝盖有机茶种植基地

“北有香山红叶，南有宝盖黄叶。”宝盖镇还拥有湖南省规模最大的银杏林，种植区域遍及宝盖村、皂田村、散市村、车陂村、连鱼村，面积达万余亩，将近 30 万株树，大部分已经成林挂果。1995 年底，宝盖镇人民政府引进湖南鑫宝银杏开发有限公司，重点开发农业综合项目银杏基地，一期投资 1000 万元。宝盖银杏公园坐落于基地内，连续三年（2015—2017 年）宝盖银杏文化节在此隆重举行。每年春秋两季，到宝盖银杏公园来进行观赏、游玩的游客络绎不绝，已累计近 200 万人次游客前来欣赏“万亩银杏林”的美。宝盖银杏公园已逐渐成为衡阳地区最具特色的生态农业旅游景点之一。

图 40　宝盖银杏广场雕塑

2016 年 11 月，宝盖村被中华人民共和国住房城乡建设部等部门列入第四批中国古村落名录公示名单。2018 年 9 月，入选首届“中国农民丰收节”100 个特色村庄。目前，衡南县宝盖镇乡村生态旅游发展方兴未艾，先后获得了“湖南省生态旅游示范点”“湖南省环境优美乡镇”“湖南省特色旅游名镇”等殊荣，亦有“湖南银杏第一镇”“湘南烟叶第一镇”等美誉，还被评为“记忆中的乡愁”原味乡村最佳好去处。

图 41　宝盖镇生态旅游区

2. 历史人文

走进宝盖，不但能欣赏到最美丽的自然美景，更能触摸到悠久的历史人文。这里有着衡阳地区保存最完整的古建筑群——宝盖楼古民居。该建筑群位于宝盖镇政府中心的东西两侧，始建于北宋末年，由牌楼屋、安里屋、大屋场及探花庄四个连缀一起的古民居群组成，占地面积约 40 亩。整个建筑为砖木结构呈封闭式构造，规模宏大，布局合理，风格迥异。单个建筑为三开间，蕴藉了中国古四合院“四水归堂”的建筑之美，顺应自然的和谐之美，敬祖归宗的孝道之美，孔孟儒学的教化之美。各类雕塑彩绘，雍容典雅；人物花草，惟妙惟肖；珍禽异兽，绚丽多彩。

图 42　衡南县宝盖镇古民居牌楼屋

图 43　牌楼屋石雕装饰

3. 周边旅游

宝盖及其周边人文景观和自然景观资源丰富，极具特色，令人流连忘返。有集“惊、奇、秀、谜”于一身的“石湾溶洞”；有朝廷祭祀炎陵的御祭古道、传播湖湘学说的文化大道“衡炎古道”；有丹峰耸立、崖生笔树、山水相映的“良崇菩萨崖”；有“兵家必争之地”的“泰益三峰寨”；有风光旖旎、延绵数里的“迷仙湖”；有水质口感好、水温四季恒定的“双河口鼓龙泉”。

（1）石湾溶洞

石湾溶洞距宝盖镇中心 3km，坐落于 300m 高的半山腰上。洞口约 30m、宽 20m 高，有一块巨大的青石支撑着。洞口凉风阵阵，洞内别有洞天。有能容纳百余人大厅，有五个手指清晰可见的“仙人手印”，有一只牛脚嵌入石中的神牛印。洞壁布满奇形怪状的钟乳石和神秘的象形景观。洞中有洞，洞下有河，泉水从石缝中流下，水质清澈、口感甘甜。岩洞四周花草遍布，环境幽静，空气清爽怡人，吸引了大量游客前往。

（2）衡炎古道

史书记载，从唐代以来便有皇帝诏命官员祭祀炎帝陵的“御祭”制度。古代御祭官多从京城至衡州府，再长途跋涉 5 天 5 夜至炎帝陵祭祀。衡炎古道就是衡州至炎帝陵“御祭古道”的简称，也是见证盐茶贸易的通商古道。在抗日战争和解放战争中，衡炎古道曾发挥过重要的作用。自衡阳东起，经露白、斗岭、泉溪、石塘、黄田、潭湖、九江、安仁、梅桥、斜濑、到炎陵县，全程 270km。

三峰寨·水牛山段古道、枫树坳段、九冈岭段、涂家山段和小泉桥段是位于宝盖境内发现的、保存较完整古道，约有 20km，宽 0.8m 至 1.5m，全部由青石板铺成。沿路古樟树众多，还有清代指路碑为路人指路。在宝盖镇境内古道上，星罗棋布分布着明清石拱桥、板桥 10 余座，大小凉亭、寺庙 20 余处，古井 10 多口，发现的一座建于清康熙年间石拱桥，距今已有 300 余年的历史。这些尚存的古桥、古亭、古庵、古寺、古街铺具有很高的文物历史价值和旅游开发价值。

（3）菩萨崖

菩萨崖位于宝盖镇良崇村，距宝盖镇政府所在地西北约 13km，具有类似丹霞地貌的特征，因“崖底佛像坐”，佛像似菩萨而闻名。菩萨崖周围地势平坦，视野开阔，在近 $1km^2$ 的范围内，丹峰耸立，形态怪异，具有旅游观光的开发价值。

（4）迷仙湖

迷仙湖，又称梅泉塘，地跨宝盖镇三口、梅塘、双元三村，湖水延绵数里，可谓“水中有山、山中有水”，山水交融，恰到好处。夏日湖水清凉宜人，冬季湖面中心热气腾腾、高达丈余。四周群山峻岭，树木葱绿，空气新鲜，无环境污染，冬暖夏凉，温差可达 10 度。其形状似“象鼻猪”，有“象鼻猪卧长江”之说。湖面波光粼粼，适宜泛舟、休闲、垂钓，好不惬意。这里还有“美女晒衣”“无鸡之血”“铜锅出水”“金鸡啄人”等传说，耐人寻味，不失为陶冶心灵与情操的好去处。

（5）鼓龙泉

鼓龙泉又称“龙女泉”，因常年冒水泡得名。鼓龙泉位于福全村和双河口村交界处，水面近 10 亩，水温恒定在 27℃～30℃，水质好、口感佳，传言能治疗皮肤病。旁边的村寨因其村民平均寿命在 80 岁以上，先后出现了 7 位百岁老人，因此被当地人称为“百岁寨”。

（6）黄金海公园

黄金海公园位于衡南县宝盖镇双河口村、福全村境内，东与国家 3A 级旅游景区宝盖银杏公园及省文物保护单位宝盖楼古民居群相连，距牯牛岭森林公园 4km，距衡炎古道、迷仙湖、杜鹃花海、三峰寨 8km，距衡阳市最大丹霞群菩萨崖 15km。黄金海公园面积约 $10km^2$，以农业生态种植为主要景观，集采摘、野炊、休闲度假、农耕体验于一体。主景区位于九江河与沙河交汇处的双河口，连片油菜花达万余亩，为衡阳地区最大的连片油菜花田。

宝盖及其周边众多的历史人文景观如古桥、驿道、凉亭、祠堂、庙宇、古民居，以及溶洞、丹霞地貌、水光湖色、花田竹海等秀美的自然景观一起共同构成了宝盖镇完整的古村落生态旅游资源。

（三）人的生态

宝盖古镇位于古驿道上，过去设有驿站，自古以来水运发达，是衡南边域重镇。根据 1971 年古楼旁出土的石碑记载，宝盖楼的历史可以追溯至北宋末年。当时衡州知府廖汉依途经此地，见此处山水宜人，便筑舍定居，其子孙后代在此生息繁衍，垒起了一座巍巍的七层高楼——保家楼。后因此地资源丰富，遂易名“宝盖楼”。

宝盖楼坐北朝南，占地约六十平方米，砖木结构，墙体厚度宽约一米，层高近四米，总高度约 27~28m，每层装有木楼板、木扶手、板梯、屏风，住在里面冬暖夏凉。据说站在楼顶，晚上可见衡州府灯光。当时正值兵革之变，为了防范金兵南下以及周边盗匪的滋扰，宝盖楼的北墙、东墙、西墙每层都有瞭望孔，作为御敌时瞭望射击用的。高楼落成后，引来无数南来北往的墨客骚人为之挥毫泼墨，曾经有“衡州第一景，保家第一楼”的美誉。清康熙四十七年（1708 年），在宝盖楼东南侧修建了牌坊及一栋占地 $8400m^2$. 大小房子 100 多间的廖家大屋，也就是如今呈现在人们视野中的牌楼屋大厅屋。清康熙帝曾来过此处，赠“世承先泽”匾额，从此宝盖楼声名远扬。清道光辛巳年（1821 年）维修时，由七层减至三层，1972 年为建生产队粮食仓库，宝盖楼剩余的三层被全部拆除，现只保留遗址。

宝盖楼方圆数里都为廖姓居住，目前仍有三百余户居民生活在这古老的建筑群里。其中牌楼屋为官宦之家，气势格外恢宏。正中翰林院系嘉靖年间翰林大学士廖道南请旨兴建。门前有口大池塘，曾被誉为金盆。其大门“八字”敞开，举目仰望，屋檐高翘，瓦当上刻有福禄寿禧之类的字体。门楼翘檐上有九十九个精雕细刻的木质龙头浮雕昂首远眺，下挂用朱漆写成的巨型匾额，上面刻着康熙赦赠“世承天泽”鎏金大字。

跨进大门，走入大厅，八根粗壮楮树圆柱跃入眼帘，这八根约两丈高的廊柱支撑起大厅的主体，房梁和廊柱都雕龙刻凤，栩栩如生。厅内主横梁选天然弓形大木，柱座汉白玉石刻庄严典雅，泥塑描金涂彩栩栩如生，金匾银屏鳞次栉比，石刻玉镂熠熠生辉。由此可见廖家大屋当年的地位。新中国成立前，大厅四壁和梁柱间密密麻麻挂满了历朝历代“邦国矜轼、探花留芳、冰在玉壶”之类的匾额，共两百多块，诗赋画屏近百幅。其中有晚清名臣彭玉麟将军的梅花画、清代第一书法家何绍基的字、民国书画家曾熙题的锦屏，据说还有雍正的亲笔圣旨，可惜在“文革”时都毁掉了。现在厅堂里挂的匾额，如“家声丕

图 44　木质龙头浮雕、“世承先泽”匾额

振”“宝檐日暖”“祖德流芳”等，大多都是后人题写的。玉堂内有三进，全为大厅，大厅亦是宝盖古八景之一“玉堂晓发洪钟”。右边墙上有曾任南京国民政府主席谭延闿那幅木刻对联，“樵客出来山带雨，渔舟过去水生风”，是现存唯一真迹。据说是当年宝盖楼商贾以二十桌鱼翅海参席相陪，才换来这幅民国第一书法家的墨宝。大厅内右侧墙壁上镶嵌着一块清道光九年重修楼屋的石碑，上面刻有族人的捐款数目和人员名单，也是宝盖楼最好的历史见证。

图 45　牌楼屋厅堂的廊柱、匾额

图 46　宝盖古民居石碑

接着便是采光通风大天井，天井的设计又含有“四水归堂”和“肥水不外流”之风俗。大厅一进二进左右皆有侧门，是全楼几百户通往大厅的必经之门。大厅三进正中为供台，供奉着廖氏先祖的神位，为后人祭祀先祖之用。上面有一个阁楼，摆放舞龙耍狮的装备，还存放有几台古朴的水车和纺车。

图 47　宝盖古民居天井

图 48　宝盖古民居供台

在古楼左阁斗檐下绘着一排画像，当中身披铠甲、高大威武的建威将军刘厚基最引人注目。刘厚基原名廖厚基，是清末著名将领。因屡建奇功，被赏赐“猛勇巴图鲁”名号，光绪三年（1888 年）病逝后，左宗棠为之亲笔书写墓志铭，在陕西延绥镇和耒阳建专祠祭祀。牌楼屋大厅的背面墙壁上，有一排鸡蛋大小的圆洞，它们是抗战时期日寇侵华的如山铁证。1944 年，抗战后期的衡阳保卫战打响，青砖上的圆洞，就是衡阳保卫战中日寇飞机在衡阳境内狂轰滥炸、肆意射杀平民留下的机枪眼。

宝盖古民居建筑群分牌楼屋、安里屋、大屋场及探花庄 4 个部分。牌楼屋为官宦之家，气势格外恢宏，等级森严的建筑见证了封建制度，是整个宝盖楼古建筑群的核心部分。大屋场豪商大宅居多，晚清衡阳商帮帮主廖周臣的宅第就在其中。大屋场庭院深深，精工雕花屏风、雕花窗、太平缸之类数不胜数，高楼庭院彰显了富贵气派。安里屋与探花庄以平民居住为主，陋室小巷能窥见古代百姓生活，其主要特点为随处可见古人生产生活用品。宝盖古民居建筑群的历史绵延了几百年，深厚的文化底蕴沉淀于宝盖，也激励着一代代的廖氏族人奋发图强、建功立业。

1. 廖汉依

廖汉依，江西人，衡州知府。北宋末年路经宝盖，见此地山水宜人，深感家乡“收览千里风光，消散万般烟云”之美景不为世人所知晓，便定居下来。当时兵荒马乱，他花了七年时间筑了一座七层高楼——保家楼，以示自己保家卫国的胸怀。保家楼雕梁画栋、气势雄伟，有“衡州第一景，保家第一楼”之美誉，落成时，吸引了无数南来北往名人骚客驻足，后易名宝盖楼。

2. 廖厚基

廖厚基，清代名将，字子坤，号福堂，宝盖村周家屋场人。因父早逝，其母改嫁到耒阳坪田一刘姓家。小时的他由宝盖六甲廖氏祠堂每天一筒米养着，因无亲人，生活贫困，受人欺负。与母亲团聚后，便随刘姓，改名刘厚基。

清咸丰八年（1858 年），廖厚基以武童投湘军果字营，隶步兵前锋。由于他战功显赫，一路高升，后从参将到提督衔，到同治帝授陕西延绥镇总兵。陕西《榆林县志》卷26名官志载：刘厚基“观榆地瘠苦，诸务废弛……兴文设义塾，造惜字炉，刊教民歌，修书院捐……载百废俱兴，其恩义殷勤，虽父兄之子弟不是过高”。光绪二年（1876年）三月，左宗棠率兵抗俄，委刘厚基为北路前锋，随左宗棠进兵新疆。五月，北逾天山，收复乌鲁木齐，九月，攻下玛纳斯城，北路俄军被驱逐出境。光绪三年正月，在向南路进军途中，刘厚基积疾复发，病逝时，终年仅39岁。光绪帝追赠其“建威将军”封号，左宗棠为其亲书墓志铭。

3. 张荣伦

张荣伦，清朝东川司马，宝盖镇双田村人。常叹世道不公，怀才不遇。登宝盖楼时，因感而发，作一对联：

“沽半盏酒，望宝盖楼外，几多垅田：东有双田，西有火田，南有皂田，北有黄田。时而金波叠楼，时而碧毯无边，容三秋皎月，饰万缕炊烟，藏四季鸥鹭，覆百里雪棉，树纵路横，鸡犬重生，数峰缥缈，一水辽远，豪情虽壮，好梦难圆，曾于青楼，失却多少心愿；

揽一卷书，思九州海内，数代圣人：画至道子，书至二王，诗至李杜，词至苏黄。也曾玉酒珍馐，也曾贬落他乡，踏九冬冰雪，涉千道重洋，披八方风尘，居十尺棚梁，风清雨凄，猿鹤哀吭，几树落叶，半腔忧伤，青春渐逝，心志不畅，常叹华夏，埋没无数贤良！”

4. 廖苓顽

廖苓顽，原名廖臻，又名廖菱航，宝盖镇福全村人。是作家海岩的祖母，红色女特工。清光绪二十五年（1899年）出生，1917年毕业于湖南省立女子师范学校，是徐特立的学生。1925年参加革命，从事党的秘密情报工作。1943年病逝，董必武为之题写碑名。

5. 邹代富

邹代富，宝盖镇樟树脚人，革命烈士。1926年被推举为莲峰乡（现为衡南县宝盖镇）农会执行委员，在家乡参加农民运动。1932年，担任湘南游击队第三大队交通联络员，出色地完成了耒（阳）安（仁）衡（阳）边界地区中共地下组织与各游击队之间的联络任务。1934年中央红军长征后，领导耒、安、衡军民坚持南方三年游击战争。1938年，参与领导湘南一带的抗日救亡运动。1939年春被国民党特务逮捕，同年4月19日，在衡阳市小西门被国民党杀害壮烈牺牲。

6. “世承先泽”匾额

清康熙四十七年（1708年），皇帝亲笔御题。据历史记载，清朝初期，宝盖出了一个学富五车的读书人，叫思护公，康熙下江南时曾两次下旨，请思护公到朝廷去做中书令，但思护公忠于明朝，始终不肯做满人的官。康熙为了笼络汉人归顺之心，就特赐了这块“世承先泽”牌匾给思护公。

7. 宝盖楼古八景

《宝盖楼古八景》诗曰：仙岭紫雾凌霄，堆上绿柳腾波。金盆对案浴日，海蚌依云吐珠。春涨银波泛月，青山玉树笼霞。玉堂晓发洪钟，石鼓楼集晚鸦。

（四）建筑生态

1. 整体布局与构造

村落，是指大的聚落或多个聚落构成的群体，在聚落形成之初，村落和聚落的含义是相通的。一个村落的形成，至少需要几百年的时间，而古村落特有的历史环境和村镇文化则需要更长的历史积淀才能形成。因此古村落是重要的不可再生的历史文化资源，是历代社会生活的载体，兼具历史性和时代性。

“凡立宫室，宗庙为先”。作为宗族社会象征的宗祠，成为村落的核心，一切其他建筑都以此为重心而布局。宝盖楼古民居建筑群分布在衡南县宝盖镇政府所在地东西两侧的9个村民小组，建筑群总占地面积二百余亩。宝盖楼古民居建筑群是清代民居建筑的瑰宝，整体上坐北朝南，东有溪流，四面青山环绕，地势后高而前低，负阴抱阳呈围合之势。月池正前而置，体现了古城市与建筑选址观念中“负阴而抱阳”“阴阳合德，则刚柔有体”的总原则，体现了人与自然的和谐统一。古建筑群由牌楼屋、安里屋、大屋场、探花庄四处连成一起的古民居组成，整体规模宏大，布局错落有致，建筑装饰精美。

图 49　堂屋两侧的耳房

图 50　古民居解决通风的窗户

村落中民居建筑平面布局基本为“回”字形，巷道宽度为1～1.5m不等，蜿蜒曲折，灵活多变。每个屋场由正屋和横屋组成。正屋位于中间主轴上，是屋场的核心部分，为全家的活动中心。正屋中的堂屋内一般布置有神龛、香案、方桌、长条凳、茶几及围椅等家具。正屋两侧设置耳房。堂屋后方多布置退堂，可做卧室或者厨房，也有作为储藏之用。退堂与堂屋用砖墙或者木板隔离，退堂上空安置阁楼，利于放置杂物。横屋与正屋垂直布置，房间数大多与正房相同，一般用作卧室或是厨房，有的用于畜牧栏。根据当地习俗，家庭主要成员居住于正屋内，长辈住东正房，其余成员根据辈分高低依次居住西正房、厢房等，后方一般为未婚子女居住。宝盖村单体民居建筑多为独立的三开间，多户连立或是多户共同使用堂屋，各有边门出入。

由于建筑密集布置，巷道狭窄，加上为了防盗，窗户窗格十分细密且由纸糊，所以室内采光较差。为了解决采光问题，民居建筑多用天井（院落）组织空间，以利于采光和通风。宝盖村古民居中的天井根据建筑功能需求布置相对灵活。大型住宅，通过主天井、门窗、敞厅、廊道等改善了正屋穿堂风的流通。在厢房外侧，以一条狭长的天井解决该处通风采光。同时，小天井为厢房处的私用天井，与主天井相比具有一定的隐秘性。宝盖村民居中天井的布置一般讲究中轴对称设置。

2. 建筑装饰特点

衡南县地属亚热带湿热气候，冬冷夏热、四季分明，地形为一凹字形丘陵盆地。由于地域环境、传承族规的影响，宝盖古民居门窗中体现外弱内强，外观以简洁灰瓦白墙为主，内部装饰图样主要集中在天井周围的门、窗附近。宝盖村古民居建筑结合当地气候特点，建筑内部多采用穿斗式或抬梁式木屋架，外部多为砖墙承重，屋顶坡度较大。虽然部分破坏严重，但从其保存下来的民居来看，其建筑天井设计合理，独具匠心，各种木柱、木梁、石雕用材得当，雕刻寓意深刻，构造方式不仅满足了建筑的功能需要，而且具有一定艺术欣赏价值。

图 51　宝盖古民居插梁式堂屋

宝盖村古民居的入口大门多为内凹式。建筑两端山墙主要为硬山墙或封火山墙两种形式，并粉以白色装饰带和彩绘，层次分明。墙头叠以小青瓦，翼脚配以不同图案的起翘雕饰，造型生动优美。各种精美的彩绘、雕饰体现在民居的各个角落，经数百年风吹日晒仍绚丽清晰，体现了匠师们的高超技艺，反映了人们热爱生活，崇尚自然，寄情于景之情。

图 52　宝盖古民居起翘

图 53　宝盖古民居石雕装饰

宝盖古民居现遗存比较完整的是明清时期古民居建筑群，具有鲜明的时代特征，其装饰风格有着差异性，沿袭了宋代的“极简主义”艺术风格，有古朴、大气、简约意境之风。装饰造型淳朴，一般不太精雕细琢，偏重于简洁明快的写意表现。宝盖村古民居还充分体现了文化交流、融合与传承的发展特点。其中牌楼屋后期建造的建筑很多细部装饰图案，如窗户上方三角形和半圆形装饰等，明显体现了西洋文化的特点。

图 54　大屋场的欧式窗眉装饰

表 3　宝盖村古村落景观要素

名称	简介
宝盖古民居建筑群	保存完整，上溯北宋时期，历史悠久；负阴抱阳选址观念、人与自然的和谐统一，是典型湘南古民居建筑、清代民居建筑的瑰宝
空间布局	讲求对称，呈现“中庸”特征；建筑中正，以正屋为核心，强调和谐美；房屋紧凑，堂屋存神龛，体现尊卑有序的宗族结构

（续）

名称	简介
建筑外观	外形为高大马头墙，青砖灰瓦，庄重严肃
内部结构	穿斗式木构架，大气宽敞，气势恢宏
石雕、木雕、彩绘	生动精致，图案精美。内容包括花草虫鱼、飞禽走兽、神话历史等
道路铺装	青石板铺路和鹅卵石路。
小巷	位于防火墙内侧，幽深曲折，便于采光通风，通行
天井	通风、采光、排水，形态各异
匾额	数量较多。彰显宗族声望，反映古的伦理和道德观念
中元节祭祀	敬祖尽孝，追怀先人
花鼓戏、唢呐	历史悠久，乡土气息浓郁
宝盖土头碗、烧饼	制作工序复杂，古风味佳肴
宝盖土特产	种类多，具有乡土特色

四、草市村生态现状

（一）自然生态

1. 地理位置

衡东县，隶属于湖南省衡阳市，位于湘东和湘南山地向湘江河谷平原复合倾斜的坡面上，居湘江中游的衡阳盆地与醴攸盆地之间，因地处南岳衡山之东而得名。东连攸县，南与安仁县、衡南县为邻，西濒湘江与衡山县隔水相望，北与湘潭、株洲接壤。1966 年 3 月从衡山县析出新置，是罗荣桓元帅的故乡，革命老区，中国土菜名县。全县总面积 $1926km^2$，总人口 74.7 万人，辖 17 个乡镇，233 个行政村，23 个社区居委会。衡东文化底蕴深厚，是著名的皮影之乡、剪纸之乡、印章之乡，也是全国诗词之乡、湖南书画之乡、全国群众文化工作先进县。衡东生态环境优美，其国土面积的 70%为低山丘陵，并有 30%的岗地和平原。全县地势东南部高，西北部低。湘江在其西侧由南向北纵贯，其一级支流洣水自东南向西北中横，注入湘江。受典型的亚热带季风气候影响，全年平均降水量 1336mm，平均气温 18℃，无霜期 290 天，水热同期。全年气候温和湿润，冬天不会过于严寒，夏天不会过于酷热，洣水河的河水一年四季都很丰盛，其水质优良，保持国家二级水质标准。县内地质结构复杂，组成岩类多种多样，花岗岩雄景景观，岩溶洞穴，丹霞风光等各种风景地貌景观兼得；地带性植被为结构复杂的亚热带长绿阔叶林，具有区域成分复杂、基底资源丰富、品种类型多样等特点。全县森林覆盖率达到 72%，是“全国造林绿化百佳县”，有野生植物 900 余种，并栖息有野生动物 300 多种。草市古镇位处自然生态环境最好、地域景观特色最典型的县境东南部的一个山间盆地之中。

2. 草市简介

草市镇地处衡东县东南，地处洣水、永乐江交汇处西南部，东与攸县莱花坪镇，北与攸县鸭塘镇和本县高湖镇接壤，南与南湾乡为邻，西连杨林镇，距县城 43km。镇内吴南

图 55 草市古镇又称“湘南芙蓉镇”

公路与衡炎高速穿境而过，是沟通攸县、茶陵、安仁的交通要冲之地。草市属衡东县洣水、永乐江流域上游，是衡东县东南物资的集散地，已逾千年历史。明清两代普设巡检司，以巡检司和练兵的草坪而名草司，清咸丰三年（1853 年）更名为草市，草市镇原是整个东湘片区的交通枢纽，是这个地区通往湘潭、长沙的必经之地，草市镇是这必经之地的码头，草市镇现辖 18 个行政村，1 个社区，现有人口约 62000 余人，总人口中以汉族为主占 99. 97%。总面积 144km^2。草市古镇是典型的山水型山乡古镇，有资料显示，最初形成于唐宋时（907—960 年），从头至尾青石板街、吊脚楼和老街风貌保持完好，自然生态环境本底优越，地域文化底蕴丰厚，并具山、水、洲、镇等景观要素浑然一体，古镇、古庙、古林、古井、古码头各具神韵，历史古老、民风古朴，素有“湘南芙蓉镇”之美称、衡东的小凤凰之美誉。

漫步在草市街头，斑驳的石墙上布满了葱绿的苔藓，青石板的路面一块连着一块，溜滑地失去了所有的棱角，紧凑而自然，木质窗槛外表的桐油在岁月的洗涤中变得曜黑，红砖房、青砖房、石板房近代用来建房的材料都可以在街中找到，小门小户，大瓦高房，从一个时代到另一个新代，草市开埠几百年的岁月沧桑，一目了然。草市老街依山傍水而筑，建筑精巧而独特。临江的一面多为吊脚楼颇具沈从文笔下的王村风味。发源于炎陵县的湘江重要支流——洣水在此恰到好处地回了一个大大的弧形，因有了来自安仁的永乐江的汇聚，江面顿显宽阔而舒缓。江心有岛，绿树婆娑，繁花似锦，将江流一分为二。两岸阡陌纵横水上渔舟荡弋。老街之尾为衡东八景之一——灵山古渡。清刘天昺在《麟山记》中曰：“草市有山如麟，昂首蹲踞而东向，曰麟山。砥柱双流，古木参天；石粼粼，头角鳞甲宛然，山古矣。”相传为随炎帝治理洣水的大臣所化。山下有泉眼，四时不涸，冬暖夏凉，甘美甜冽。名不见经传之僻地，有水光山色如此，若寒门明姝，顿使陋室生辉，让见着惊艳，闻者心生向往。

（二）人的生态

衡东县得南岳名山之灵气，人杰地灵，自古人文昌盛。早在远古时期，中华始祖之一的炎帝神农南巡，沿洣水进入湘东山区，传播和发展农耕文明，最终“葬于茶乡之尾”《史记索隐 · 三皇本记》。炎帝的3位大臣杨山、灵山和洪山继续为根治洣水洪泛而献身，分别葬于洣水河畔的吴集（杨山）、草市（灵山）和攸县（洪山），致使洣水流域至今留有为祭祀炎帝及其臣民的炎帝陵神庙、杨山祠、灵山庙及其祭祀活动等遗存，洣水也就被称为“圣水河”。衡东县英才辈出，最为显赫的人物有元代状元何克明、清代状元彭浚，以及现代共和国元帅罗荣桓。宋代黄庭坚，明代徐霞客、李东阳，清代曾国藩、左宗棠、方先觉等著名历史文化名人，也留下了其活动足迹。

草市人杰地灵，钟灵毓秀，名不虚传。从中洲学院到现在的草市中心学校，尽管学校多次易名，校址几经搬迁，却文气贯通，人文荟萃。在市场经济席卷天下的今天，远说不上富庶的草市，好学竭知仍是斯地最盛的乡风。即使穷得无米下锅亦不使子女辍学，正是得益于这种良好乡风的滋养，草市人文蔚起，才俊如雨后春笋，层出不穷。专门从事基因工程药物研究和基因治疗并在这一世界前沿科研领域作出了卓著贡献的著名科学家、中科院士刘新恒就是其中最杰出的代表。

1. 谭克非

谭克非是清康熙三十三年进士，“通经史、长于诗、廉政亲民”，当了五年地方官以后调任朝廷吏部主事，升郎中（吏部天官）。

2. 刘阳生

刘阳生（1904—1938），男，字茂林，出生于湖南省衡东县草市镇一个贫苦的农民家庭。1909年，其父刘禹鹏去世，其母段氏带着刘阳生回到了草市桐桥村，依靠舅父段仲七先生生活。在舅父的支助下，刘阳生读了两年私塾。1914年，其母让刘阳生给人放牛，她自己则替人纺纱织麻，这样母子相依为命，挣扎度日。1917年10月，13岁的刘阳生迫于生计瞒着家人外出投军，在唐生智部当了一名小兵。此后，刘阳生追随唐生智参加驱张运动、援鄂战争和谭赵之战。

图56　刘阳生烈士纪念碑

1938年8月，升为团长的刘阳生率敢死队百余人与日军激战，殉难，敢死队亦无生还者，阵地失守，尸首暴露在战场上。1940年，国民政府追晋刘阳生为陆军少将。1988年1月27日，刘阳生被湖南省人民政府追认为革命烈士。2015年入选民政部评选（第二批）的在抗日战争中顽强奋战、为国捐躯的 600 名著名抗日英烈和英雄群体名录。在刘阳生将军的家乡——衡东草市，人们在风景秀丽的灵山为其建立了纪念碑。

3. 刘新恒

分子生物学家，中科院院士。1927 年 11 月生于湖南省衡东草市，1952 年南开大学化学系毕业后，在河北医学院任教数年，1957 年考入中科院上海生化所“副博士”研究生班，1963 年毕业后留所直到 2000 年，1983—1984 年在美国罗氏分子生物学研究所工作过 1 年半。2000 以后工作于合并后的中科院生化与细胞所。他于 1979 年升为付研，1985 年升为正研，随后不久即评为博导。已培养硕、博士生 50 多名，每年在读博士生约 10 名。不少学生获得各种奖励，包括院长优秀奖。

在他的研究中，共发表论文近 300 篇，许多是在国内外著名杂志上发表的，已编纂刘新垣论文集八册。共获各种奖励 30 多项，其中不少为科技一等、二等奖，曾被评为有突出贡献的科学家、优秀发明家，先进工作者、优秀博导等。2001 年获得香港何梁何利奖，2002 年被国际高技术合作协会选为名誉理事。

于 1991 年被选为中国科学院院士，1992 年被选为乌克兰科学院外籍院士，2001 年被评选为第三世界科学院院士。现拥有三个院士头衔。

（三）建筑生态

草市镇属洣水流域重镇，历史悠久，明清两个朝代都曾设巡检司，以巡检司和练兵的草坪而名草司，清咸丰三年（公元 1853 年）更名草市。草市村入选第四批中国古村落名录。具有代表性的建筑有草市老街、草市柑橘园艺场、谭氏宗祠和灵山古庙。

1. 草市老街

草市老街是目前衡东县内保存较好的一条老街。有建设、民主、跃进、前进四条主街，各宽约 3m，共长 680m，呈“片”字形分布。草市老街依山傍水而筑，建筑精巧而独特。临江的一面多为吊脚楼颇具沈从文笔下的王村风味。发源于炎陵县的湘江重要支流——洣水在此恰到好处地回了一个大大的弧形，因有了来自安仁的永乐江的汇聚，江面顿显宽阔而舒缓。江心有岛，绿树婆娑，繁花似锦，将江流一分为二。两岸阡陌纵横水上渔舟荡弋。老街之尾为衡东八景之一——灵山古渡。清刘天昺在《麟山记》中曰：“草市有山如麟，昂首蹲踞而东向，曰麟山。砥柱双流，古木参天；石粼粼，头角鳞甲宛然，山古矣。”相传为随炎帝治理洣水的大臣所化。山下有泉眼，四时不涸，冬暖夏凉，甘美甜冽。名不见经传之僻地，有

图 57　草市老街

水光山色如此，若寒门明姝，顿使陋室生辉，让见着惊艳，闻者心生向往。像草市这等风光秀丽的江南小镇本就是中国文人残梦中的一个慰藉啊！在壮志许国的途中，许是因为志大才疏，许是因为奸臣当道而壮志难酬，暗头灰脸之际，草市这样的山水小镇就在文人们的头脑中施展诱惑了。历史上许许多多在政治上失意，在仕途中落魄的文人政客，晚年不正是在这般风光旖旎的小镇中打发着看似悠闲的岁月吗？曲折幽深的古巷，光可鉴人的青石板，缓缓流淌的小河，渔舟唱晚的黄昏，草市的宁静与安详，对一个身心疲惫的宦者和旅人来说，不啻梦境中的蓬莱，大可静滤思绪、放松身心、修身养性，乃至养精蓄锐。徜徉在青石板铺就的幽深小巷，两旁保存完好的清末民初的居

图 58　草市老街照相馆

图 59　草市老街店铺

民也许让你有逼仄之感，但乡民们纯朴的笑脸，会洗去你心灵的积尘，身体的疲惫。穿巷而过的徐徐清风，一如你心仪人儿的纤纤玉指，轻柔地拂过你的每一寸肌肤，还要调皮地掠起你的发梢。人们在屋与屋之间的巷道里行走，就如同游弋在山间溪流的小鱼。任时间流逝，我就是要享受这份一米阳光下的悠闲自得。尽管吴南公路两边建立了草市新街，但还有许多老人舍不得离开生活过的老街道，逢年过节，老街上贴春联、挂灯笼，热闹、祥和。

图 60　草市老街杂货店

图 61　草市老街门牌号

2. 草市柑橘园艺场

草市曾以“柑橘之乡”闻名遐迩。草市柑橘栽培始于南北朝，至今有1500余年的历史，白茅洲广柑，曾为清代贡品，出口苏联，用于国宴，受到周总理和外宾的好评。目前，已基本形成了村村有桔场、户户有橘园的新格局。草市柑橘园艺场，兴起于六七十年代，那时一大批知识青年支援农村。时光在这青砖灰瓦中流畅，据说老一辈革命家刘震、还有陈云的夫人等，都在此间挥洒过汗水和智慧。这是一栋很有历史价值的楼宇，任风雨摇曳，仍巍巍鼎立。乍眼看去，是那么的雄伟壮观。正门口两侧都设有天井，从下往上望去，似一片乍泄的春光；屋角的檐部向上翘起，似一只展翅待飞的雄鹰翅膀；从侧面看整栋房屋的墙壁，结构对称，看上去非常的有层次感。

图62　草市柑橘园艺场

3. 谭氏宗祠

宗祠为三进设计，房屋中前后正间为中厅，两边为厢房包围，宽与中厅相同，进深与厢房等长，地面用青砖嵌铺。厢房左右两侧都设置有天井采光。天光乍泄，整个大厅一片祥和。房屋横梁立柱全为木头结构。拭去时光的印痕，这些历经沧桑的木板和石头，都在精雕细刻之下，呢喃着一片往昔的繁华。在后厅天井，有一段墙壁上有镂空的梅花壁雕，立体感很强。壁雕下面一幅幅壁画，壁画与壁画之间行云流水的是一首一首的诗词。建筑如诗，老房子的青砖灰瓦在一首一首的诗词点缀中，是否一下子成了你心中的五言绝句？红的窗，白的檐，宗祠的窗户窗檐造型独特，两层弯檐上有着一圆球顶！如同水上拱起一弯明月。弯檐下作有山水画一副。淡雅的丹青勾画下，似乎一下子，整个窗棂都充满了灵气。远远望去，清一色的黑瓦白墙，对比鲜明，显得古朴典雅，韵味无穷。

图 63　谭氏宗祠飞檐

4. 单氏宗祠

单姓是草市的大姓，单家祠堂，古色古香。单氏祠堂是草市最大祠堂，其特色活动有盂兰盛会。盂兰胜会的由来有这样的传说：佛籍中的目连僧因他母亲罪恶深重，死后坠入饿鬼道中，目连送食，可是食物进了她的口，就化为烈火，目连为拯救母亲，求佛指示，佛给他一套盂兰盆经，说念此经，可招来四方之神，一起拯救他母亲。后来，对没人祭祀的孤魂饿鬼，也进行建醮超度祭奠，名为施孤，也叫盂兰盛会，沿袭而有此风俗。

图 64　单氏宗祠

5. 中洲书院

灵山之麓，现仍保存于明万历年间创建的中洲书院旧址。中洲书院为昔日衡山县境内明清时代六大书院之首。万历三十八年（1610 年），草市士绅捐银，在草市灵山庙左修建中洲书院，为衡东境内创办书院之始。清乾隆十年（1745 年），草市巡检戴天恩捐出自己的俸禄与当地乡绅集资在草市改建中洲书院；同时，得到了得到了时任衡山县令德贵（满洲籍，举人，乾隆九年---乾隆十二年任衡山县令）的支持，德贵拨学租 66 石作中洲书院的束修和膏火费。道光十八年，欧敬斋等人筹资建文炳书院于草市对河的三步岭。

图 65 灵山大门

6. 灵山古庙

灵山位于草市街首的洣水河畔，山似铜钟，孤峰独秀。山顶于后唐同光年间（923—926 年）建有灵山庙；千余年来，几毁几建，香火经久不衰。原庙坐西向东，庙南建有灵山神行宫，行宫右侧为草市古戏台。灵山上有一庙，因山得名灵山庙，庙的由来有两说：一说是五代时，汉中山靖王后裔刘氏三兄弟奉母命偕隐江南，以此山作为隐居之所。后坐化于山石，乡人异之，立庙奉祀，是为灵山庙。凡山贼寇境，疫疠灾民，有祷祈祭告者，均能相安无事，灵应远响，闻于朝廷，兄弟三人皆沐封侯，元代谥为协应侯，千百年来享受乡人香火。而另一说则是："灵山侯是炎帝时期重臣，他生前辅佐炎帝为百姓做了不少好事，死后葬于衡东县草市境内的灵山，农历九月十三是灵山侯生日。" 乡人为了纪念这位重臣，而自发举行丰富多彩的纪念活动。如今，涞水、永乐江流域乡民每年都会自发献戏。每年从农历九月十三日起，举办为期十天半月的庙戏，唱戏在三十场以上，并有“抬故事”等文化活动。灵山庙左侧有明万历三十七年（1609 年）由本地一谭姓举人创办的中洲书院。在灵山庙北东侧仍保留有一片原始次森林，千年古树枝繁叶茂，灵山泉水叮当，山下渔歌晚唱，远眺群山叠翠，涞水如画。明代诗人张治在《草市灵山庙》一诗中咏道：“登临犹不倦，依杖更山扉；旧壁龙蛇落，空堂蝙蝠飞。云香流别涧，树影动深矶；便欲招山侣，青衣振羽衣。”

图 66　灵山古庙

灵山建庙已有一千多年的历史，岁月已久，曾多次进行修复，庙宇规模不是很大。清末光绪年间，曾大修庙宇，增建嘉会堂。20 世纪七十年代，灵山古庙拆除改建草市医院。八十年代初，经当地信众多方筹措资金，恢复重建灵山古庙前殿。九十年代，草市周边远近的信男信女捐款捐物，重建灵山大殿和附属设施建筑。至今，灵山古庙有八大殿：协应侯殿、先德堂、戏台、行宫、香炉、八角亭、餐厅、厢房。1998 年，草市灵山古庙由衡东县宗教部门正式登记为道教（正一教）活动场所，也是衡东县目前唯一的道教旅游胜地。2017 年，在庙管会的倡导下，新建了一栋公寓式居士楼。现在的灵山古庙庙堂，红墙黄瓦，金碧辉煌，规模宏大，蔚为壮观。

灵山古庙香火旺盛，每月初一、十五的香客络绎不绝。每年农历九月十二日为“协应侯”生日，灵山古庙都要举行盛大的庙会，来自衡东、安仁、攸县和茶陵等周边县市乡镇的信徒聚集庙内朝拜，踊跃捐款捐物捐戏，场面十分热闹。庙会期间，庙内教职人员将会举行三天的道教法事活动，庙管会将邀请省内花鼓戏剧团连续唱戏十天。

第三章 衡阳古村落生态旅游发展现状

一、中田村生态旅游文化现状

（一）中田村生态旅游文化概述

1. 中田村生态旅游要素

中田村的旅游发展不尽如人意。生态旅游更是如此。一般的历史文化名村多以古村风光、村民活动、古屋建筑、村民习俗为吸引游客的名目。但，这里显然还很不成熟。游客稀少、村民寥寥、村事难见。

自从1987年谢贝罗斯·拉斯喀瑞提出生态旅游概念后，1992年Valentine认为生态旅游是具有可持续性的自然旅游方式，它以未被侵扰到的自然区域为基础，其活动不破坏环境，不会导致自然环境退化，并直接促进保护区的持续保护与管理。由此可知，中田村生态旅游包含两个不可或缺的要素：自然环境与人。中田村自然环境承载着古村的文明，生态旅游是中田村周围自然资源和文化资源为基础的旅游活动。由自然到人的生态系统，包含自然生态和文化生态双重指标，生态旅游着眼于旅游者观赏、体验生态环境，丰富生态知识的一系列生态需求，同时强调古村村民的利益保障。追求乡村环境、生态环境与旅游环境的和谐。基于此，中田村的发展也应以此为遵循。

中田村生态旅游是一种社会经济、人们生活水平、时间推移到一定阶段的历史现象，一种顺应房屋生态、适应自然的积淀物，是指村民与自然的和谐发展、共存共荣的意识形态、价值取向和行为方式。它的产生促使中田村民尊重自然生态、站在自然生态角度，形成和谐的旅游文化世界观和价值观。常宁市中田古村，就是村民的生计方式的选择，以及与之相应的是文化古形式。村民基本的生产资料是耕地，劳动对象是水稻、辣椒、小麦、玉米、萝卜、香菜、红薯、土豆等农作物，但是农作物的生长受制于土壤、水分、气候、肥料等条件，这些条件就具有生态属性，受制于这些生态属性下的杀虫、插秧、锄草、种地、收割、整理锄头、齿耙、畚箕等农事行为就是农耕下的生态文化，每逢节日或祭祀的时候，中田古村的朝拜祖宗、祈祷土地神、谷神、上天恩赐就是人的生态属性，其农事祭祀表明中田村的村民对自然的顶礼膜拜与对动植物的憧憬。

2. 中田村生态旅游文化意蕴丰厚

小村在群山环抱中，背靠翠绿的圆包型小山包。再后面，是巍峨的大山，山势险峻，气势雄浑。阳光照射丛林，山凹处墨绿，山峰处鲜绿，山体像被巨手抓拢的绸缎，皱褶线条流畅，显出山的雄阔神秘。中田村生态旅游主要指在吸引和接待游客过程之中，游客、旅游设施、庙前镇政府与旅游中介相互作用、相互影响所产生的现象。中田村村民在生产、生活过程，村民自然而然形成原生态的中田村村规民约、中田村民俗风情以及族群之间的相互制约与遵循的原生态礼仪。主要体现在生活与思想方面。生活其中的空间文化，就是中田村建筑特色与工匠的创造房屋的构思、方式与方法；渗透其里的中田村村民的思想心理，村民的语言特色、心理活动、行为方式；村民之间有形与无形中制定的各种规章制度以及表现出的整体思想倾向、行为观念。其形式有中田村生态旅游主体文化、生态旅游客体文化和生态旅游介体文化，其中主体主要指与游客直接或间接接触关联的常宁市旅游部门、庙前镇政府部门以及中田村从业人员，客体是指中田村生态旅游产品，以吃、住、行、购、娱、游为依托，介体指旅游业和贯穿其中的旅游活动。

以前，中田村地区的主导产业都是以自然资源为对象的产业，但是随着乡村产业的衰落和科技的进步，在国家“三农问题”的响应下，乡村经济结构由农业逐步转向服务业，中田村也不例外。乡村生态旅游文化，是基于淳朴的民风和深厚的民俗文化底蕴，提倡“生态环境保护，实现旅游开发与当地社会、经济、自然环境的持续发展”的一种旅游方式。它的产生不仅是为了适应人们回归自然、回归农村的需求，更在于强调旅游业发展要保证旅游者、旅游地居民、旅游地经营者之间的利益均衡，在创造经济效益的同时，还能产生社会效益和环保效益，以实现乡村旅游业的长期稳定和良性发展。就目前中田村的旅游业而言，大多并不是建立在村庄自然保护意识、环境伦理、生态审美和生态文化有质的突破之基础上的，而是基本上按旧有的乡村旅游思维模式来运作的乡村商业色彩旅游，造成了许多生态建筑的“非生态性”旅游和非生态屋子的“生态性”旅游。所以真正的中田村乡村生态旅游发展还需要不断探索与创新。

（二）中田村生态旅游建筑文化

图 67　中田村风光图

1. 中田村生态旅游建筑文化的显性

该村古石巷遗存量、完整度居在湖南第一。还遗存着大量明代建筑构件，其保存价值极为珍贵，在湖南古建筑中为数极少。如果依据中田村的建筑生态，可将其生态旅游文化分为三类：一是显性文化旅游、隐性文化旅游与核心文化旅游。从显性文化层面来看，主要变现为传统聚落在建筑、材料、布局、周边的自然文物、家训族谱的记录书籍等原真性，尽管盲目地城镇化和旅游的过度开发，乡土文化浓郁的传统聚落建筑正悄然消失，但依然有遗存。这些遗存的古屋建筑表现的建筑整体原貌、房屋的结构、屋内的桌椅板凳、洗脸架、洗脸盆、烤火箱、烤火炉、正堂屋的神龛、两侧厢房、耳门、巷道、排水沟、外墙、村落前后的自然景观……这些都可以说是显而易见，触手可及。建筑的显性，为其开发、利用提供了先决条件。

2. 中田村生态旅游建筑文化的隐性

从隐性文化层面来看，房屋建筑外溢的建筑文化存在不少特征性的元素。

图 68　石狮背云鼓

上图为石狮背云鼓。鼓面上的彩凤踏云，不论是凤鸟，还是云彩的绵延飞翔，都雕刻得细致、逼真，惟妙惟肖，栩栩如生。石狮后背云鼓，后腿蹲地，五爪紧扣石面，前腿直立，头部微转朝右，高昂头颅，大嘴微张，显示出一派睥睨天下的威武气势。其姿态真切地展现了明朝工匠的聪明才智和高超技艺，反映了明朝石刻艺术的繁荣。这种文化就是通过分析、考据而得出的隐性文化。

下图为门口的柱础。底座上的飞鸟与花草，也是雕刻入微。有的鸟儿在草丛里漫步穿梭，有的在悠闲地梳理自己漂亮的羽毛。在宁静的自然里，自由自在。

隐性文化主要表现为村民因方言使用而产生的内部语言文化与行为文化，其次为流传的故事、传说。核心文化主要指中田村村民的规章制度等方面的约定俗成。此种定规，源

图 69　石狮底座

于长年累月、祖祖辈辈生活在相应建筑格局里，受此格局的影响，是一种核心，是思想的内核。由这种思想结合相应的中田村村民的行为习惯而演绎成村规民约。这是受建筑格局影响而产生隐性文化。当然，这种隐性文化会反过来进一步影响该村持续地建造房屋的行为。二者相辅相成，互为作用。

（三）中田村生态旅游民俗文化

1. 军事文化

福五郎作为中田村最初的建造者，出身武官。也许是职业使然，或者是当时盗匪横行。建村之时，既注重屋子风水运用，又讲究该村落的军事防御功能。该村及其古建筑群具有极高的研究价值、历史价值和建筑艺术价值，遗存中释放出的文化内涵丰富，且中田古建筑的军事防御性在湖南排第一。民居建筑，防范意识强，每户就像坚固的堡垒，墙体平整方正，没有攀附之处。从侧面，反映出先民在这里繁衍生息，既要面对险恶的自然环境，还要面对兵匪战乱，多么艰难。所有主体建筑无廊无檐，方方正正，门窗开得很小，只伸出不多的马头墙。像灰色的盒子，挤靠在一起，绕月塘排列。房子坚固厚重。墙体深灰色，由长条石、大卵石、青砖，掺以石灰、糯米浆，黏合堆砌而成。硬山顶的屋顶处，勾以粗白的边线，厚拙中显出灵动。整个建筑群，气势恢宏，规划整齐。当时，治安堪忧，深山之中，相对富裕的村落，是土匪的抢掠目标。土匪到来，铜锣就响，村民们团结在一起，各负其责，各守一方，凭借坚固的房屋、迷宫般的巷道、户户相通的房屋，抵御掠夺者的攻击。

据当地村民介绍，当年进村只有一条山路，这个遗迹，可能是当年村子的围墙，墙垛、瓮城，都是抵御外敌的有力武器。方形的石墙，厚重如城墙，有防火功能，不怕土匪火攻。一家着火，循着通道撤离到另一户中。一级级防御，一段段抵抗，耗尽土匪兵力和耐心。听老人说，村里有古井、粮仓，储备充足，不怕土匪围困。由此可知，该村具有浓郁的军事文化意蕴。

2. "和" 文化

我国历史悠久、幅员辽阔，各地方的自然条件和生产方式都有极大的差异，也就孕育了各具特色的农耕文化。耕读延续，形成和气生财、和睦相处的文化。中田村在自身发展过程里也形成了仁爱、互帮互助、睦邻友好、远亲不如近邻、为人友善、达观知命的良好社会风尚。村人一边耕作，一边要求子弟勤奋攻读四书五经，古人的修身齐家治国平天下的人生理想，也在该村口耳相传，成为村民安身立命的世界观、价值观。深知面朝黄土背朝天的辛苦酸劳，更知为人的朴实厚道之重要，因而，村民的感情朴实而亲切，有着土地般的纯朴，高粱般的腼腆，稻花般的可人，但更有猪形山竹子的坚强与刚直，岩石般的固执与倔强。也许这些正是中田绵延至今的宝贵的人文生态价值。其厚重积淀以及儒家思想的"圆融通顺"在世代相传的过程中，形成"和"文化。

3. 农耕文化

距离衡阳市区近 100 公里的中田村，历史上一直以农为主，以商为辅。"勤学为本，耕读世家"的氛围浓厚，耕读文化的出现与发展源于国家五千年的农耕文明。作农家人，办农家事，走农家路成为古村的代际相传的根本，晨起打扫庭院，太阳升起锄禾、刨地，牧牛晚归、炊烟做饭成为中田村村民的日常。这些原生态的生存状况，延续至今，中田生态旅游文化根植于此，也必将兴于此。中田村乡村生态旅游以其回归自然、追求人与自然和谐的情结正是农耕文化崇尚自然和承袭古代文明的直接反映。这种文化体现了中田村农耕的社会性和生态性，其开发会带来良好的经济效益、生态效益和社会效益。从长期看，中田村继承农耕文化，对于民俗文化的发掘大有裨益。

（四）中田村生态旅游文化存在的问题

显然，当前的中田村的人居环境与周边生态，尚不完善。房屋建筑除了主体结构以及两边的厢房以外，多被破坏，多数房子处于自然或人为损坏的状态。甚至有不少的倾斜建筑，由于池塘对面建筑了很多新式的现代建筑，这与古老的中田建筑样式缺乏协调性、一致性，有点美人迟暮之感。从这个意义来讲，中田村的生态旅游还不适合当下旅游业的发展。其修建维护的滞后与自在状态都在提醒着来这里旅游的客人，刻不容缓。不少居民出于经济目的，在紧邻村落的位置热衷旅店、餐馆的建设，盲目投资、修建旅游设施，这些景观的建设不仅占据了原有的山水之地，而且打破了聚落结构的协调性，破坏了乡村山水建筑的景观意境。

图 70　断壁残垣

图 71　荒草萋萋的巷道

无序的现代民居的修建、杂乱的商业店铺的营业，排水沟的污臭不堪、村民乱扔垃圾、古屋被侵蚀磨损……这些现象正日益摧毁着这座古老的村落。中田村周边商业行为，造成了旅游区生态环境的日益恶化。生态旅游是可持续旅游的重要形式，原生态的自然、人文环境是生态旅游的生命所系。但在实际中，因为急功近利的短期行为，也许是当地庙前镇政府机构及其相关部门、旅游投资者、经营者，在开发时缺乏深入的调查研究，科学论证和评估，一味追求经济效益而产生了“建设性的环境破坏”。

图 72　零乱的搭建

因而，中田村的村居环境、生态旅游环境与旅游环境缺乏和谐。历史上的中田村，曾经经历了建始—发展—鼎盛—没落四个时期。自明朝伊始就已经建起房屋，繁衍发展到清朝已经颇具规模。在康乾盛世时期，李家人丁兴旺，走向兴盛。从现存的房屋规模与气势，可看出昔日的热闹与不凡。在中田村兴盛时期的人居环境、人与自然的和谐度以及南来北往游客的乐此不疲，就会说明旅游环境的质量。

根据当地村民反映与调查，目前的中田村生态旅游文化现状尚不能令人满意：一是缺乏固定的旅游收益；二是零散的游客多，组团的没有；三是周边旅游设施缺乏，没有游玩的系统性；四是村里的生态文化尚不能完全开发；五是留不住游客，缺乏持续旅游消费的亮点。基于此，中田村的农耕文化、生态文化还不能转化为古村生态旅游文化。即使通过生态旅游的主体，挖掘出中田村的因农事活动产生的文化，亦即农耕文化，搜集整理出中田村的生态文化，是根植于中田村的文化，是中田村旅游韵味的魅力所在。但并不是所有的生态文化和农耕文化都能成为中田村旅游的吸引物，只有能激发旅游者动机的文化才能为旅游业所利用并且产生经济、社会和生态效益。因此，产生这些效益的前提是要将生态和农耕文化转化为旅游文化，生态文化、农耕文化向中田村旅游文化转化，即使其成为中田村生态旅游产品。

很显然，中田村的生态旅游文化现状，还不能达到这一要求。

作为一种新兴的旅游方式，中田村的生态旅游正愈来愈受关注。中田村的生态旅游对于村民生活的改善，旅游产业的发展，破解二元经济结构困局，推进中田村的和谐美丽乡村建设具有现实意义。

二、沙井村生态旅游文化现状

（一）沙井村生态旅游文化概述

沙井村的生态旅游，至少在目前看来，很不成熟。遗存的生态特征普遍缺乏旅游文化所强调的“色、香、味”，仿古建筑以及器物还呈现为自在状态。整个村庄因没有科学规划、统一协调而显得凋零，来此的游客自然寥寥，更无论旅游文化的开拓。但，该村残留的古屋青石板、木窗花棱和梁栏砖瓦也用它特有的风格篆刻着历史印痕。该村古屋坐东北朝西南，砖石土木结构，高二层。中院为“三进四厢”，北院为“东西屋夹五横屋”，南院为“一正屋四横屋一小院落”。

沙井古屋，乍看简朴淡雅，是典型的农人生活居所。但是，先人在弘扬优秀古建筑文化方面，却极为大胆活泼地倾注了他们的思想智慧和艺术匠心。就拿建筑的装饰构件来说，无论是雕梁画栋、木刻的门窗，还是墙头彩绘、石雕等，无一不是精雕细琢，其形象逼真、神情生动，彰显很高的审美情趣和艺术价值。

沙井古村在选址规划中，就极为重视自然景观的审美，讲究建筑人文美与环境自然美能达到和谐有机的统一，在理论和实践方面，表现出很强的美学性质，显示出中国古文化的鲜明特色。

立于沙井古屋的前坪环视整体建筑，顿时让人感觉仿佛穿越时空进入了清朝。古屋在设计上注重人与自然的有机联系及其交互感，因而在聚落布局上也十分注重人与自然种种关系的整体把握。一条小溪从院落前潺潺流过，宛如一条玉带依偎着村庄。围墙和马头墙上的墙体彩绘，彩绘内容丰富多彩，年年有鱼（余）、鸳鸯戏水、风物花卉等，无不栩栩如生。它们不仅美观，而且有一定的防水作用，能延长建筑物的寿命。尤其屋檐上的瓦当，它的存在使建筑物更添了几分精致感。绚丽的彩绘、壁画等都体现了“布局之工，结构之巧，装饰之美，营造之精，文化内涵之深”的中国古代艺术之精华。

步入中院，从外到内，但见大门、中门、天井、廊庑和正堂屋尽收眼底。据当地人介绍：“跨过正门进入第二道门，叫中门。这扇门平时不开，从两侧小门出入，只有红白喜事或达官贵人到来时才开，有‘大开中门迎贵客’的说法。”

过了中门就是天井。沙井古屋共有 18 个天井，中院这个是最大的一个。天井实用功能是解决室内采光和通风的问题，它也赋予了人们更多的向往和寄托——“聚财”“天降洪福”“四水归堂”等。天井两边的地面都是就地取材，用沙井溪里的鹅卵石铺设。地面采用鹅卵石铺路，既能防止路面湿滑，便于雨天行走，又能起到足部按摩的作用，还能保护地下生态环境，防止由于地下水干涸而造成的地面下沉。

沿着天井中央的青石板前行步入正堂屋。这是举行祭祀、重大仪式和处理家族大事的场所，也是沙井古屋的建筑中心。正堂屋两边原来是穿堂，贯穿南北。在整个古屋里，穿堂、巷道、走廊纵横交错，四通八达。它们将众多建筑分割成各自独立的整体，同时又是连接每个整体之间的纽带和桥梁，使居于庞大院落的村民们能交往自如。“晴不曝日，雨不湿鞋”，随便从哪一家出发都可走通全村。古屋的设计尽力追求与自然一致，融入自然之中。在室内小环境同样努力创造出一种平和朴素的气氛，甚至想把这种思想深深根置于人的心里。

背对中院，左边为南院，右边为北院。南院大门上刻有“山环水抱”四字，大门上方还建有三层飞檐，饰有彩绘，甚是气派。与南院相比，北院稍稍逊色，这源于“以南为尊，以北为卑”一说。以南院为例来说，它犹如一座石雕艺术的宝库，尤以门廊墙壁上的石雕艺术水平最高。在南院门廊墙壁上，现保存有两块整版、双面浮雕，高 3.3m、宽 1.1m。称奇的是，这两块双面石刻均为整块青石所成，重达上吨，双面浮雕的造型生动、线条流畅、工艺水平高；同时，它们作为廊壁起到了承重墙的作用，其上下两端与门额相连，又有结构造型，可见其采料、雕塑、运输、施工上的难度。

沙井古村的自然、人文风貌有着其独特旅游文化蕴涵，具体表现在：

1. 以天然山水为依托，重视地理环境的选择，充分利用自然环境，营造适宜的居住环境，追求人与自然的和谐

“天人合一”的哲学观点，对乡村建筑环境影响很大，以至在古屋建筑中也追求自然与人力的结合，把自然美与人工建筑美融为一体。这主要表现在两个方面，一是建筑选址在自然景观最美的地方，二是在建筑区创造和美化自然环境。“天人合一”建筑思想的实践，成为乡村建筑布局造景的重要特征，使建筑美与自然美融为一体。

2. 受古风水理论影响，注重人与自然的有机联系及其交互感，在与周边生态环境共存共生的条件下，利用自然环境达到各类功能完备效果的典范

借助木构架的组合和各种构件的形状及材料质感，进行巧妙的艺术加工，使功能、结构和艺术达到和谐统一的效果。如屋顶中直线和曲线巧妙地组合形成微微上翘的翼角，也称飞檐，为中国古建筑犀檐的转角部分，向上翘起，舒展如鸟翼而得名。翼角不仅扩大了采光面，有利于排泄雨水，而且使屋面形成优美的曲线，增添了建筑物灵动轻快的美感。

3. 布局上紧凑通融，结构和色调上素雅淡秀

古屋在室外大环境上尽力追求与自然一致，融入自然之中；在室内小环境同样努力创造出一种平和朴素的气氛，甚至想把这种思想深深根置于人的心里。整齐对称而灵活的布局是以“间”为基本单元构成单座建筑，再由单座建筑组成庭院，进而以庭院为单元，组成各种形式的建筑组群。无论单体建筑的规模大小，其外观轮廓均由阶基、屋身、屋顶（屋盖）三部分组成。下面是由砖石砌筑的阶基，承托着整座房屋；立在阶基上的是屋身，由木制柱额作骨架，其间安装门窗隔扇；上面是用木结构屋架造成的屋顶，屋面做成柔和雅致的曲线，四周均伸展出屋身以外，上面覆盖着青灰瓦。室内间隔却是灵活安排的，利用各种隔扇、门、罩、屏等活动构筑物，改变室内空间，既满足屋主人的生活习惯，又能

够在特殊情况下迅速改变空间划分。建筑组群的室外空间——庭院，是与室内空间互用的统一体，亦为建筑创造小自然环境准备了条件。走廊，作为室内和室外空间的过渡，也增添了生活情趣。

乡村生态旅游资源的基础是它的原生态环境，而卖点则是它的文化，“旅游文化”是附着在旅游资源上的审美文化，乡村旅游资源最宝贵、最值得开发的基本属性，应该而且必须是产生吸引旅游者的审美文化。尤里认为，只有那些称得上具有“理想的风景画”的乡村，才对游客构成吸引。贫瘠的土地、污染的河流、贫寒的生活、肮脏的环境、鸟兽罕至的农村，这些是不可能对游客产生吸引力的。具有吸引力的乡村生态旅游不仅包括乡村的物质存在的外部环境，更要包括乡村古文化在内的广义的乡村人文内涵，具备有核心吸引力的乡村古文化要素。乡村生态旅游文化大致呈现以下三种情形：

一是优美的风景。保持完好的自然生态，村庄于自然构成一种和谐关系和有机的整体，有“小桥、流水、人家”用来表述陶渊明笔下的那种世外桃源的意境。游客置身其中会产生心旷神怡的感受，达到休闲、身心放松和娱乐的目的。

二是别致的风俗。保持完好的农村古习俗，包括生产、生活方式、民居、宗教、仪式、歌舞、服饰等。有较为独特的地方文化遗产（包括物质和精神方面的）等，使游客感受到浓郁的、独特的古风貌。

三是异族风情。具有鲜明的民族特色。这些民族特色系自然传承下来的，而不是那些“做出来”的民族村、民俗村，或那些经过人为“设计”出来的景区和景点。有较为完整的“异文化”知识体系，使游客观察和了解与自己文化完全不同的形态。

沙井村蕴涵着丰富的文化资源，这些成为旅游者感受和体验生态旅游文化的魅力之源。

（二）沙井村生态旅游建筑文化

沙井村的居住环境与城市居住环境截然不同，它的幽静、自然与城市的喧哗和污染形成强烈的反差。沙井古屋保留着古的建筑风格，具有浓郁的地方特色，反映出不同的历史文化，本身就具有较高的文化价值，成为吸引旅游的重要因素。沙井古屋具体呈现以下鲜明特点：

1. 依山傍水而建，院落布局有律

沙井古屋坐落于周排山麓，其势依山递次而降，北高南低。两个古屋建筑群布置在两个水平的台级上，北面高地为老屋，南面低地为新屋，新老屋间建筑院落空间组合紧密，每有地势高差变化之处以青石板台阶相连。整体布局给人以居高临下、傲视旷野之感，实际上加强了大院的整体气势和排水泄洪功能。

整体村院占地 30 余亩，现存古建筑面积达 14095m^2，规模庞大，气势恢宏。建筑密集却布局有律，排列有序，看上去整齐统一，并无错杂纷乱之感。

在古屋的整体布局上体现了“天人合一”的理念，而在建筑的具体规划中，又反映了轴线对称、向中呼应的古观念和哲理思维。古屋的核心地段中心轴线对称，平面呈长方形，南北长，东西短。老屋正堂屋坐北朝南，背山面水。所有的横堂屋，均南北坐向，面朝上下院正堂屋而建，按照它们的先后构筑顺序，依次沿正堂屋两边的南北轴线展开，有

序紧凑地布局。

2. 空间组合优美，居住功能齐全

沙井古屋构成的空间组合也十分理想，妙不可言，从而优化了它们的居住使用功能。厅堂及其连接厅堂的游亭，都十分宽敞高阔，不仅仅是为了加强建筑的整体气势，更是为了扩大其内部空间，使之通畅、透气。游亭的两边或房屋前檐走廊前，一律开设矩形或方形天井，除了让每两栋相邻相接房屋之间有一定的间距而错落有致以外，更是为了通风采光，让偌大建筑群的每一个地方都格外的明亮凉爽。天井的井坪制作，也颇为考究，由清一色青石方材砌阶沿和排水沟，以石板材墁底，其四角或中间有镂空的铜钱式孔眼为“地漏”。这样，不仅整齐美观，更有利于清除淤积，排水泄渍。每栋房屋的前廊两端均开设券门，与外面的巷道相通，而房屋之间布置的青石板巷道，全铺以四方石板，两边配长形压条石。它们纵横有序，主次交错，四通八达。它们将众多建筑分割成各自独立的整体，又是连接每个整体之间的纽带和桥梁，使庞大的院落交往自如，还能发挥消防通道的作用。各式花格窗户，启合自如，且雕琢装饰精美，使原本封闭的房间，吐纳开敞，亮爽舒适，蕴含着人们对于生活的美好追求。

3. 装饰精美，寓意丰富

沙井古屋，乍看简朴淡雅，是典型的农人生活居所。但是，他们在张扬优秀古建筑文化和家族门风方面，却极为大胆活泼地倾注了他们所有的思想智慧和艺术匠心。现保存完好的老、新院民宅，集中突显了中国古代建筑的精美绝伦的装饰艺术和独树一帜的民俗文化及包含其中的地方特征。

这些建筑的装饰构件，无论是雕梁画栋，抑或是木刻的门窗，或者墙头彩绘，还是石雕的石狮石象、门槛柱础，无一不是精雕细琢，其形象逼真、神情生动，具有很高的审美情趣和艺术价值。

宗祠建筑，布局对称，结构严谨，雕饰精美，功能齐全，是典型的清代江南宗祠建筑杰作，是研究清末宗法制度、祠堂构筑和民风民俗的重要实物例证。

（三）沙井村生态旅游民俗文化

民俗是民族文化贯彻社会生活的机制，是民族文化存在的现实表征和传承延续方式，是激发民族民间艺术的人文生态空间，是历代相沿而积久形成的风尚、习惯和礼仪。这些民俗文化是乡村生活中最活跃和最具吸引力的部分，其主要非物质文化遗产包括：

1. 节庆与民间礼仪

每年除夕到来之前，村民都要在刘家祠堂举行盛大的祭祀活动，以此缅怀先祖，感恩追始，祈求来年幸福平安，并起到传承祭祖敬宗、孝顺父母为内核的古道德文明，培养宗族成员良好品德，加强宗族成员之间的团结，维系宗族成员情感的作用。村民规划完善刘家祠堂设施，并于每年的重大节日在此举行祭祖活动，再现当年的历史场景和生活风貌。

2. 地方剧种

祁剧又叫湖南班子，是一个比京剧的历史还早400年的地方剧种，曾广泛流行于湖南省的祁东、祁阳、衡阳、零陵、郴州、怀化等地区，以及广西壮族自治区的全州、桂林、平乐、柳州和赣南、粤北、闽西一带。祁东小调是一种有词有曲、词曲结合、结构完整、旋律优美、有说有唱、说唱结合、以唱为主的一种地方色彩很浓的民间小曲，早在明清之际就流行于湖南祁东、祁阳、零陵、衡阳一带。祁东是祁剧和祁东小调的原生地，村民对其情有独钟，男女老少爱看爱唱，且表现了粗犷、朴实、山野气息浓郁的独特的艺术风格，其演艺水平在全国农村独树一帜，极具地方特色。村民在老屋正槽门前规划一处休闲娱乐广场，作为祁剧和祁东小调的表演地点。

3. 地方风俗

沙井村久受中国古文化的熏陶，村内以农耕文化为主题的门联、横匾众多，承传着耕读文化的遗风，耐人寻味。古老的民居建筑，凝聚了儒家的仁义道德，道家的清静旷达与“中庸”“中和”思想，以及历久不衰的农耕生活酿就的民俗风情。

各类木刻石雕构件作品，寓意深邃，如“龙凤呈祥”“福禄寿喜”“平安富贵”“喜上眉梢”“鱼跃龙门”“马上封侯”等，林林总总，可谓多种文化的融汇，从不同侧面以不同的表现形式反映了农耕社会里一代代朴实厚道的农人对于理想的追求、生活的向往。“摇钱树”“聚宝盆”“麒麟送子”等浮雕装饰作品，更是农家期盼子孙发家致富、人丁兴旺的念想最为具体的生动写照。老屋和新屋院落内的仓廪建筑，折射出封建农耕社会自给自足经济的鲜明特征。独自成栋的堂厅是宗族接待贵宾、品茶饮酒、赏花戏卉的地方，反映了刘氏一族热情好客的习俗和生活情趣的高雅。

4. 地方古手工艺

沙井村有多种祁东地方古手工艺，这里出产的竹、布等质地手工编织物件，工艺精美，花样百出，传承久远。在沙井老屋和新屋附近各规划一处商业休闲广场，可作为工艺品的制作、展示和销售地点。

（四）沙井村生态旅游文化存在的问题

缺乏旅游文化所需要的元素，在建筑铭文、雕刻镂琢、器皿物什、刀耕火种、镰伐斧斫等方面的耕云播雨远远不够。在交通图识、人行导引方面需要相关部门依据村庄的总体规划，合理布局，及时出台相关措施。依据沙井村的商业门面、铺子，经营单调，物资匮乏。在旅游所需的吃住玩方面的工作尚任重道远。留住游客，哪怕是一个晚上，该村的旅游就有了相应的价值。

三、宝盖村生态旅游文化现状

（一）宝盖村生态旅游文化概述

1. 时代背景

在城市化和全球化进程中，乡村经济结构和社会生活方式正发生深刻的变化，城乡一体化的迅猛推进，单调的形式、机械化的建设不断侵蚀着古村落，使它们丧失了地域特质和文化内涵。由于撤乡并镇，农村行政区划数度变更，古村落大多被边缘化，沦为“被遗忘的角落”，居住者大多为老人、儿童和外来人口。这些古村落建筑破败，基础设施落后，公共服务设施缺失，安全隐患频现，环境脏乱差，各种社会问题相当突出，古村落从外在景观到内在社会结构难掩衰落的事实。如何改善这些村落的人居环境、改善当地百姓的民生、传承地方古文化引发了社会各界广泛思考。

党的十八大报告明确提出，要把生态文明建设放在突出地位，努力建设美丽中国，实现中华民族永续发展；党的十九大报告进一步提出，要实施乡村振兴战略，坚持农业农村优先发展。中国历史悠久的农耕文明造就了各式各样的古村落，要把保护民族文化作为首要前提才能建设好我们的家园。这是我国在生态文明建设上迈出的重大一步，对古村落的开发与保护具有重要深远的意义。

旅游与文化一脉相承。乡村生态旅游文化具有浓厚的乡土地域特征，游客在旅游时，既可以欣赏世外桃源般的乡村自然风光，又可以感受特定地域的风土人情。因此，对衡阳古村落进行系统深入地调查研究，既可以挖掘、整理古村落生态旅游文化遗产，有利于传承乡土文化和历史记忆，也有助于实现“望得见山、看得见水、记得住乡愁”的现实要求。

2. 发展现状

在古村落中，宝盖村有着得天独厚的旅游资源和悠久的历史文化积淀，其生态旅游文化资源有着自身独特优势，具体表现在：

一是物产资源丰富。宝盖素有“鱼米之乡”“唢呐之乡”“渔鼓之乡”等雅称。围绕农业生产过程，宝盖村推出了一系列原生态农副产品如：宝盖三宝（银杏、罗汉果、绿茶）、宝盖烧饼、银杏叶枕头、深山干笋干蕨等。

二是非物质文化遗产资源丰富。逢年过节，民间至今还有舞龙灯、耍狮子、打渔鼓、对山歌、唱花鼓戏、唱皮影戏之类的习俗，唢呐迎亲、钟鼓庆春、鼓乐祝寿仍时常可见。

三是历史文化底蕴深厚。唐朝开创洪州禅的高僧马祖道一禅师曾来此地九家诗传经布道；唐朝僖宗年间（874—888 年），地仙杨救贫曾为宝盖写过“雏凤栖凤山，真龙潜龙泉，拨开千层日，金银用万年”的题地诗；清朝康熙皇帝曾为宝盖村题匾，东川司马张荣伦作宝盖第一长联；宝盖还是享誉史册的革命先行者邹代富、廖顽岑、廖绍鑫的故乡。

四是影响力和知名度日益提高。2011 年 3 月，湖南省委省政府公布“宝盖楼古民居建筑群”为省级文物保护单位。在 2014 年湖南乡村旅游“十大好去处”评选中，宝盖镇生态旅游区被评选为“记忆里的乡愁”原味乡村休闲地。2015—2018 年相继举办的银杏文化节、乡村旅游节、春季赏花节、黄金海踏青节吸引了大批游客前来游玩，进一步扩大了影响力和知名度。

（二）宝盖村生态旅游建筑文化

中国古村落积淀着几千年的农耕文化，是我国乡村历史、文化、自然遗产的“活化石”和“博物馆”。其中宝盖村是一座具有湘南古民居特征的村落，悠久的历史遗留下了丰富的古建筑文化资源，虽历经沧桑，但保存较为完整。从选址、构造，到装饰、彩绘，处处体现着古民风民俗和审美艺术，极具历史文化研究价值和旅游开发价值。这些幽静古朴的古民居和古村落受到旅游者的青睐，更是成了一种独特的建筑旅游文化资源。

1. 负阴抱阳的选址思维

湘南即湖南南部，是山水相间的丘陵地带。作为典型的湘南古民居建筑，衡南宝盖古

图 73 宝盖古民居风光图

民居也受到了湘南古人居文化影响。宝盖古村落在选址上以周易风水理论为指导，具有负阴抱阳、天人合一的特点。整体上坐南朝北，月池正前而置，处于山水环抱的中央；东有溪流——沙河，满足耕种、生活、灌溉需求。四面青山环绕，是“藏风聚气”的理想环境；内部的天井空间具有通风、透光、排水等实用功能以外，还具有“四水归堂”深层文化含义。

宝盖古民居在选址上有效顺应自然，巧妙因地制宜，依山就势。这里以山为屏，以水为邻，环境宜人，古树茂盛，良田众多，融村落民居与山水田园为一体，充分体现了自然景观与人文景观融合，以及天人合一的中国古儒家思想。

2. 讲求对称的平面布局

中国的古建筑深受“礼”的制约，交织着“礼”与“乐”的统一，呈现了“中庸”特征。古建筑的空间布局具有强烈的“尚中”情节，要求建筑中正，以到达建筑的整体和谐美。宝盖古民居建筑也体现了“崇中尚和”理念，平面布局基本为“回”字型，以位于中间主轴线上的正屋为核心，主宅向左右和向后分布横屋、耳房，形或多个院落和天井。在每个天井和院落的两边左右分布着卧室、厢房等，强调左右对称的均衡之美。房屋密集紧凑，外部封闭、安全，呈现强烈的凝聚力和向心力，注重长幼尊卑有序和人际关系的和谐，是儒家“中庸”思想的体现，体现了中国古建筑的和谐美。

3. 质朴实用的建筑结构

从外观看，宝盖古民居建筑外形为高大的马头墙，呈“凸”字型。外墙出于防火、安全考虑，上下层开小窗，窗户呈梅花窗几何样式，防御性强。外墙颜色是青砖灰瓦，屋顶是黑色，墙体为灰色和少量白色，呈现黑灰白色调，象征庄重严肃，让人对封建礼仪制度心生敬畏。

从内部看，房屋的结构主要是木结构，大多数采用的是穿斗式木构架体系，在横梁上有许多木檩条，主要用于叠青瓦，盖顶之用。在古代，建筑的屋顶是权利地位的象征。一般而言，屋顶结构越复杂，代表房屋的主人越有权势，有些在梁上雕龙画凤，镶嵌金银等各种样式的图案都是暗示这个家族的辉煌。内部的梁和柱子为朱红色，大气宽敞，气势恢宏。梁与柱、曲与直，错落有致、交相呼应，具有很强的节奏感与韵律感。

4. 精致生动的内部装饰

宝盖古民居的建筑装饰力求精致生动，巧夺天工，主要体现在石雕、木雕、彩绘上。常见的雕刻内容有花草虫鱼、飞禽走兽、神话历史等，内容丰富。

宝盖古民居石雕主要集中在石门槛、石抱鼓、柱础等上面。石鼓处于大门两侧，鼓身雕以花草纹样。木雕主要集中在门窗、隔扇、雀替（梁或柱交接处承托梁枋的木构件）、天花等木构件上。例如，宝盖古民居阁楼层的隔扇窗，通常与下部隔扇门相呼应。这种隔扇窗呈对称布置，由窗棂分隔成各式图案，一般有回纹、万字纹等纹样。虽然很多木雕已经被腐蚀，但是其文化含量丰富，民族气息依旧。

彩绘主要集中在门罩、马头墙上、屋檐上，也会在木材上进行少量彩绘。颜色主要以青、红、黑、黄、绿为主，质感鲜明、形神兼备。题材多以花鸟虫鱼、梅兰竹菊、琴棋书画、神话故事等吉祥物为主。

5. 尊卑有序的宗族结构

宗祠，又称祖祠、祠堂，是供奉祖先牌位、举行祭祖活动场所，也是举办宗族事务、决议重大事务的地方。宗族结构在宝盖古民居中体现在：以村落为单位，一村一姓，同祖同宗，尊卑有序。宝盖楼方圆数里都为廖姓居住，以宗族、血缘关系为纽带，聚族而居，居中为尊。村落布局集中，家庭成员和睦相处而不分散，共同维护宗族利益。他们高度重视祠堂建造，强调风水，重视堂号家声，通过祭祖和供奉活动来增强家族的凝聚力，确定每一个人在宗法社会里的血缘归属，也就是“认祖归宗”。

在宗祠大门及上方通常悬挂着彰显宗族声望的匾额。如牌楼屋前“世承先泽”匾额就是清康熙帝敕赠。匾额是光宗耀祖、凝聚人心或激励后人的重要形式。大多数反映了先祖的伦理观念和道德观念，如“家声丕振”“福德永康”“祖德流芳”等，标榜了本家族先人的品习，继承前辈人的优秀品德，让家族美名世代相传。因此，形成一个等级分明、尊卑有序而又和睦相处的整体。

（三）宝盖村生态旅游民俗文化

百里不同风，千里不同俗。民俗文化是民间风俗和生活文化统称，也是一个地区中聚居民众所创造、共享、传承的风俗习惯。宝盖不仅有着丰富的物质文化景观，其非物质文化景观资源也很多。

1. 民间节庆

宝盖的祭祀活动是追怀先人的古，一般放在中元节（农历七月十四日）这天举行。祭祀前的准备工作细致而隆重，包括将桌、椅、板凳、餐具、香炉、灯盏等祭拜的用具清洗干净；准备好祭品、纸钱、香烛；准备好丰盛的菜肴，其中用的米必须是今年收成的新米，一只雄公鸡也是必不可少的。祭祀当日，参祭的人着好衣衫准时赶往祠堂，家族的人员各尽其责。随着鞭炮声响，祭拜开始了，整个家族成员按辈分在宗祠进行祭拜，有些规定参祭的人先在本房祭奠本房先祖，然后列队共同赶往大宗祠祭拜。整个祭祀仪式隆重而严肃。最后“分福”，在祠堂当场设席，将祭祀用过的食物分发到各席享用。宝盖的中元节祭祀，其文化核心是敬祖尽孝，体现了古人“慎终追远”思想。

2. 地方剧种与乐器

花鼓戏在宝盖村已有100年多年的历史，为衡州花鼓的一个流派，有传承人并且传承活动规模大，全村参与。衡州花鼓戏形成于清朝中后期，是衡阳地区土生土长的地方小戏剧种，距今两百余年的历史。因与马灯、采茶、滩舞等民间小曲小调联系密切，故又称“花灯”“地花鼓”“衡剧”。花鼓戏主要以三小戏为主，即小生、小旦、小丑，以胡琴(竹筒子)、唢呐两种乐器伴奏。

宝盖唢呐始于明朝，当时全国各地兴土木，办私学，流行艺风，重音乐表达，在中原做官的人告老还乡时，带来从波斯引入的唢呐乐器，教导乡民吹奏，由此盛行，流传至今。唢呐的音色高亢，嘹亮，管身木制，呈圆锥形，上端装有带哨子的铜管，下端套着一个铜制的喇叭口（称作碗），所以俗称喇叭，多在民间的吹歌会、秧歌会、鼓乐班和地方曲艺、戏曲的伴奏中应用。宝盖唢呐吹奏乡土气息浓郁，音色清脆、柔和、刚柔相济，有鲜明的地方特色，多用于婚丧喜事的吹打乐队中，也用作民间歌舞和戏曲的伴奏乐器。宝盖唢呐传承人徐小平，曾多次参加各种大型文艺演出并获奖，代表曲目有《春潮颂》《满堂红》《万年欢》等。

3. 民间美食

“头碗”顾名思义，就是喜宴上的第一道菜。作为一道古杂烩菜式，“土头碗”是衡阳古风味佳肴。共分为七层：从下至上分别为红枣、虎皮蛋、红薯丸子、房节肉、草鱼丸、土鸭蛋片、木耳肉片，也可在其顶上加盖其他菜肴，香味扑鼻、爽滑鲜嫩，令人垂涎欲滴。原材料的搭配因人、因时、因物质条件而异。宝盖“土头碗”的制作工序极为复杂，从原材料的准备，到洗煮炸切，以及手工、揉捏搅拌等一系列繁琐过程，是一道保留着乡味的地道美食，象征着家人团圆和气。

宝盖烧饼也享有盛名。宝盖烧饼源于唐朝，当时僧人宝显法师在泸前寺烘烤烧饼救济百姓，已有一百多年历史了。宝盖烧饼配方精细，烘烤手工工艺讲究，外皮脆甜馅薄，口味松、香、酥、软，吃后口齿留香，令人回味。在这里，逢年过节或是红喜事，送烧饼是古老的习俗。衡南烧饼分布于三个乡镇，茅市、相市和宝盖。衡南县非物质文化遗产保护中心，曾组织人力赴宝盖调查项目及传承人，做了大量基础性工作，并将衡南烧饼列入县级非物质文化遗产保护名录，刊入非遗文集《衡南瑰宝》。

4. 地方土特产

宝盖地方特产有银杏果、有机茶、罗汉果、无公害茶叶、茶油、黑木耳等；农作物特产有西瓜、柑桔、水晶梨、奈李，风味独特，备受人们喜爱。

（四）宝盖村生态旅游文化存在的问题

中国有5000年的农耕社会历史，有的村落有上百年甚至上千年的历史。在社会转型期，我们遥远的“根”——大量的历史文化财富，大部分散落在这些古村落里。如果一个民族农村的文化没有了，那么这个民族文化的“根”就基本上没有了。近年来，当地政府在促进和发展乡村生态旅游文化方面做了大量工作，乡村生态旅游的开发也进一步促进了对古村落、古民居等资源的有效保护和合理利用，提高了农民的经济收入。不过，总体而言，宝盖乡村生态旅游文化发展还存在不少困难和问题。

首先是古民居建筑群损毁严重，损失历史真实性。作为促进衡阳市古建筑群旅游业发展的龙头之一，宝盖古民居建筑群至今是衡阳市保存最完整、规模最大的古建筑群之一，对研究古建筑学、史学、地方风俗学及湖湘文化均有极重要的史料价值和文物保护价值，湖南省电视台《古宅的回音》也曾作了专题报道。但是长期以来，由于对古民居建筑稀缺性认识不足、保护乏力，以及人为的破坏，造成了古民居建筑损毁严重，亟需修复。

宝盖古民居建筑群大部分为砖木结构，抗风雨侵蚀及灾害能力差。由于受到风雨侵蚀、洪水、冰灾等自然力的破坏，主要表现在木质老化腐朽、屋顶门窗破损、墙体开裂、自然沉降等问题。古建筑被拆除或被改动的现象屡见不鲜，部分居民为了改善居住环境，改造室内格局，私自开门开窗，改动门窗样式。据不完全统计，近三年宝盖已有40多间古民居永久性地消失。以牌楼屋古民居群为例，原占地面积达8400m^2，因保护不善，如今能对游客开放的，基本上只剩下面积不到300m^2 的牌楼屋大厅了。

图74　古民居的窗户破损

图75　古民居墙体开裂、沉降

图 76　面临修缮的宝盖古民居

其次，古村落整体景观协调性受到破坏。浓郁的乡土特色和特色鲜明的古村落是吸引城市旅游者进行乡村旅游的重要动机。如作为徽派古村中的代表安徽省黟县宏村，川媚山秀，气候宜人，自然景观与人文景观融于一体，恰似古朴美丽的世外桃源，被赞誉为“中国画里的乡村”，吸引了大量旅游者心驰神往。然而宝盖古村落整体景观亟待规划，周围的古历史空间环境已被现代建筑所取代，古老的空间格局和古风貌荡然无存。在宝盖古民居建筑群的老祠堂、老民居之间，夹杂着一些新的建筑物，比如翻建或修缮的新屋，古栈道变成了水泥路，文革时期留下来又抹掉的标语，门口停放的挖土机等，这在相当程度上减弱和破坏了村落的古朴风貌和历史氛围，造成不少古村落整体景观不协调。目前，宝盖古民居建筑群中保存较为完整的单体建筑仍有村民居住，内部环境拥挤、杂乱，随处可见的电线、灯泡，墙壁上的随意涂画、张贴，生活垃圾等污染了周围环境，破坏了整体美感。部分无人居住的建筑单体由于缺乏资金修缮，处于破败、凋零、杂乱的态势。古建筑群对面，是如火如荼正在开发的房地产，现代建筑以水泥、瓷砖、彩漆饰面，与古建筑清水砖墙风格迥异，极不协调。

图 77　宝盖楼古民居周边建筑

图 78　古民居内部居住环境

图 79　古民居对面的住房

另外空心村现象以及基础设施综合服务功能滞后，也阻碍了当地生态旅游文化的可持续发展。随着工业化、城镇化快速发展，大量农村人口尤其是青壮年劳动力不断外流，农村常住人口逐渐减少，很多村庄出现了“人走房空”的现象。流传下来的民间故事和奇闻传说，文史资料未得到及时收集、整理和挖掘，随着人员的迁徙，这些村庄文化的根脉面临断裂的危险。宝盖乡村旅游，因地理位置相对偏僻，离市区较远，虽然当地基础设施已明显改善，但仍在一定程度上制约了当地经济社会和乡村生态旅游的发展。一方面，电力设施不善。管道露明、电线交织的现象随处可见。杂乱电线不仅影响村容村貌，影响和干扰视线景观，还会对古建筑的防火构成威胁。另一方面，排水设施落后。如遇上暴雨，路上雨水、污水横流，排水不畅，大大影响游客的旅游体验。无论是地面还是地下如供电、供水、排水、排污、路灯、通讯、网络、消防等设施建设严重滞后，城镇基础设施综合服务功能不全。

古民居建筑群位于镇中心，常住人口多，人口流量大，加之古村镇缺乏垃圾清理系统与环境卫生管理，部分居民环保意识差，环境污染问题比较突出。大量的生活垃圾无序倾倒，生活用水排入池塘，水质变差，公共卫生间较少，存在随地大小便现象。镇容镇貌脏乱差，虽有治理，但受资金等多方面因素的制约，效果不尽如人意。乡村环境污染问题突出，环境污染治理的相对滞后，极大影响了古民居的外在形象。

作为珍贵的历史文化遗产，古村落蕴藏着极为丰富的文化内涵和历史信息，其旅游价值极大地吸引着众多旅游者。古村落大多数坐落于乡村地区，发展生态旅游能够走出“空心村”的困境，对其所在地区的经济、社会文化发展和自然环境保护有着一定的促进作用，通过生态旅游也能增强人们的生态文明意识，促进人与自然和谐发展。因此，破解宝盖乡村生态旅游文化中的困难是当务之急。

图 80　古民居中的生活垃圾

四、草市村生态旅游文化现状

（一）草市村生态旅游文化概述

草市村目前主要以灵山和草市老街为代表，其生态旅游价值目前尚未很好的挖掘，一些古建筑没有得到很好的保存，游客稀少，未形成旅游规模。草市古镇位于洣水、永乐江、江东溪三水汇合处，以及土壤肥沃、物产丰富的“草市——洣坪”盆地左侧，素为洣水流域著名的鱼米之乡。现代又被确定为县级商品粮食生产基地、瘦肉型猪养殖基地、小水果开发基地和荣桓库区网箱养鱼基地，盆地四周有珍珠峰、马鞍山、云峰山、马脑寨、玉虎岩等地方名山环抱。草市古镇北依孤峰独耸于洣水之滨的灵山；西靠蜿蜒的凤凰山余脉；南有面积不大的河流阶地草坪；东临江面展宽，水流平缓的洣水大河湾；江中有如一叶扁舟的绿绿葱葱的江心洲白茅洲；东岸是肥沃的草市园艺场。草市古镇境内还有狮子岩、顶头岩等风景名胜，共同形成了草市山水洲镇等景观要素协调和谐，巧然组合的山水长轴画卷。基于此，在乡村振兴战略的大背景下，草市也必须走生态旅游文化之路，因时因势开发与规划。

（二）草市村生态旅游建筑文化

草市灵山山顶建有古寺庙，由三门、神厅、戏台、行宫、僧舍等组成，始建于唐同光年间（923—926 年），千余年来，几毁几建，香火经久不衰。清末光绪中宏兴庙貌，增建嘉会堂，为湖湘中儒学耆老登临觞咏之所。原庙坐西向东，庙南建有灵山神行宫，行宫右侧为草市古戏台。灵山左侧有明万历三十七年（1609 年）由本地一谭姓举人创办的中洲书院。寺内雕梁画栋，翎毛花卉，栩栩如生。周围古木如盖，遮天蔽地。鸟瞰洣水，如白练飘落；南眺群山，似青屏叠起。令人心旷神怡，流连忘返。山有灵泉，清澈见底，群汲

图 81　草市老祠堂

不干，旱年不涸。山上有一楠树，“传为三侯奉母命所种”。明代诗人张治在《草市灵山庙》一诗中咏道：“登临犹不倦，依杖更山扉；旧壁龙蛇落，空堂蝙蝠飞。云香流别涧，树影动深矶；便欲招山侣，青衣振羽衣。”

图 82　灵山自然保护区

图 83　灵山一兽

庙前有一棵古楠木，据传已有好几百年历史，树主干已受损，下面仅剩树皮，但上面却枝繁叶茂，不受一点影响，令人称奇。

庙左侧山下靠水面有一山洞，中有一四方形石板，似家中桌面。相传有人进入，见八仙下棋，他驻足观望，待返回，家中早已面目全非。将遭遇告知众人，皆不信，只是其靠坐位置倒还留有清晰弯刀印。

历史时期的草市古镇最盛时有商家 360 户，棋盘街纵横深邃，青石板铺就的街面溜光；青砖青瓦式的小二楼阁舍，杉木活板门式的铺面，一切古色古香。每逢农历三、六、九赶集日，人流如潮，仍可显示出古镇昔日的繁华。古镇北首登阶数十级就是安葬有炎帝臣子的灵山。山似铜钟，孤峰独耸于洣水之滨，峭壁险崖，山势不凡。山上早在唐代为纪念灵山神灵就建有灵山庙、灵山神行宫，并有草市古戏台和明代创办的中州书院等古建筑。山上至今保留有次生原始森林，灵山庙前保留有树龄达 1700 年的古楠木树。灵山脚下洣水边有一眼终年不溢不涸、冬温夏凉而味甘冽的灵山神泉，共同形成了灵山胜地风光。加上草市古镇的“猴子捞月”“郦公钓鱼台”“八仙下棋”“多福林寺”“中州红桔”“三江映月”“金钱吊葫芦”等，共计 18 景。草市古镇的古运码头半月形的停船舶位，不仅增加了船停靠的安稳度，而且增加了货物的装卸面，充分显示了草市人的创新与智慧。草市古镇的古庙、古林、古井、古码头都以古为特色，韵味盎然。

蜿蜒曲折的洣水沿岸流传着千古传唱的歌谣，草市古镇曾经的繁华盛极一时。随着时光变迁，杨林、吴集、雷市老街渐渐隐没，唯独草市历经沧桑，沉淀了岁月，乡韵中活力凸显，在这里，请放慢你的脚步，追寻时光的足迹，品味光阴的故事。草市古镇最初形成于唐宋时期（907—960 年），并具山、水、洲、镇等景观于一体，古镇、古庙、古林、古

图 84　市渡口

图 85　古井

井、古码头各具神韵，历史悠久、民风古朴，素有“湘南芙蓉镇”之美称。整个古镇中心的建筑呈四方形，犹若一颗方印，古色古香。2015 年，草市镇被评为“湖南省最美古村镇”荣誉称号。草市古镇棋盘街纵横交错，青石板铺就的街面四通八达，草市古镇最盛时有商户 360 户，分别来自全国多个省市和地区，经几代人逐步修建，渐成规模。电影《感

图 86　老房子

恩之旅》曾在草市老街拍摄取景。青石板一块一块，在脚下延伸。历经岁月打磨，沁润了小镇的沧桑和古韵。

走在这样的小巷，时光静谧，仿佛寻到心灵乐土，光阴也许改变了她的容貌，但她的悠然，让你沉醉。青砖青瓦式的小楼阁舍，杉木活板门式的铺面，老街大都是前店后室。目前，老街还保留许多当年比较出名的“老建筑”，也是活生生的草市历史。时光刻下了岁月痕迹，青砖石瓦、飞檐翘角是他当年最傲娇的装扮。她静默着，伫立在风雨中，与她对视，仿佛可以嗅到当年的柴米油盐气息，仿佛听到当年的意气风发，可以看到当年的热闹繁华。一切不是过往云烟，岁月烙印在老建筑上，你可以慢慢去读她。老街中保留的古建筑有：草市农业银行：屋顶雕花、门口的大槛石墩，有着厚重的历史感；草市古祠堂：从祠堂里墙上的这块石碑上的《建祠记》中的落款可以看见是“嘉庆十一年”，也就是1806年，可见这个祠堂已经有两百多年历史了；单氏宗祠：单姓是草市的大姓，单家祠堂，古色古香；草市供销社：供销社这几个大字，彰显了他当年在这个古镇的经济地位；草市卫生所：她曾经兢兢业业守护着这个小镇上人们的健康，墙上斑驳的大字，依稀可以勾勒出她当年的模样。

老街因水运发达而兴旺，又因水运衰落而衰落，自公路发达以来，繁盛的忙碌场景已如西风凋碧，店铺就在一年一年的印象里逐一关闭，如今只剩下朱家口一带的街口杂货店、早餐店，如今连街中的菜市都已逐步搬到新街。老街衰落了很多，街沿石板的缝隙间开始长出些不知名的小草，背阴面的青石板边布上了青苔，已经不能用陈旧形容老街，她

图 87 老街青石板路

沧桑得太久，开始慢慢被人们所遗忘。所幸，当地政府和居民已逐步意识到草市老街的历史文化价值，正在想尽一切办法保护草市的古街古貌，努力把草市打造成生态旅游、森林养生的旅游之地。

（三）草市村生态旅游民俗文化

草市境内有“灵山胜地”“八仙下棋”“猴子捞月”“合福林寺”等名胜古迹。古有灵山八景：双流漾月、峭壁回澜、云根仙座、水际石枰、神植楠荫、前洲橘色、滴响神泉、山市炊烟。另有民间传道十景：三步两搭桥、亲生马磴、桃花园、针线吊葫芦、象鼻子、线锯石、石猴子、两巷不见天、四四方方一颗印、三间半犁嘴屋。草市古镇，临山光水色，相映成趣，引古今多少文人墨客，慕名而来，即景抒怀，写下诗文赞美。

七二名峰外，灵山别有天。灵山名闻东南各省，位于草市街首，洣河、永乐江汇合处，高不过百余米，长不过百丈，山虽不高，因仙而名。据《灵山志》载：秦朝原名麟山，以“山如麟”得名。至汉三侯（绍德侯、衍德侯、协德侯均为中山靖王胄）为“免五季乱，奉母偕隐于此”“兄弟坐石成真”“邦人立庙以祀，祈无不应”，遂易名灵山。

另一传说则是，早在远古时期，中华始祖之一的炎帝神农南巡，沿渊水进入湘东山区，传播和发展农耕文明，最终“葬于茶乡之尾”，据《史记索隐三皇本记》载，炎帝的三位大臣杨山、灵山和洪山为根治渊水泛洪而献身，分别葬于渊水河畔的吴集杨山、草市灵山和攸县洪山，洣水流域至今留有为祭祀炎帝及其荩臣的炎帝陵神庙、杨山祠、灵山庙及其祭祀活动等遗存，渊水也就被称为“圣水河”。

图 88 石雕柱

1. 赶分社

赶分社即春分赶集的意思，明清时期（一说是清朝咸丰年间）的农官为“勤政亲民”，不误农事，使人民依时做好农具、耕牛、种籽的准备，指定春分节为交易日，习惯延续至今，成为了草市镇特有的盛况。

图 89 草市“赶分社”

每至春风时节，在油菜花绵延不断的洣水河畔，近至草市及附近各乡镇村民，远至周边衡山、攸县、安仁、茶陵、乃至江西等地，都有客商和顾客或乘船或赶陆路，带着自己的土产蜂拥而至，交易的产品主要有农具、耕牛、饮食、服装、竹木器、中药材等，种类繁多，应有尽有。每逢分社，草市街头、戏坪乃至山坡上的空坪隙地，都被临时搭建的摊位、帐篷所占据，鳞次栉比，人山人海，络绎不绝，一连三日，人声鼎沸，蔚为壮观！即便在人民公社和文化大革命时期，也雷打不动，从未间断。发展到如今，交易的产品除了古产品，五金交电、针织鞋袜、苗木种子、儿童玩具、各色小吃等也是遍布街头巷尾。一些地方性的文艺团体也来搭台唱戏，增添乐趣。

图 90　草市“赶分社”

一年之计在于春，千百年来草市人恪守着这句格言古训。在春分日这一天，人们忙着购置种子苗木农具，只为不误即将到来的春耕播种。厚重的晨钟惊醒了古镇的宁静，毛毛的细雨润湿街巷的青石板。当江面的马达声愈来愈近时，街道上的热闹也随即而至。每一艘船上载着的是喜悦，更是希望。四邻八乡的人们通过水路、陆路在此汇聚。在此处没有你做不成的买卖，没有你买不到的东西。船靠岸后，狭小的街巷瞬间涌进成千上万的人群。春分这一天的集市，热闹而古，很多的生产工具都是千百年流传下来的古工艺，筐呀、篓呀、笼呀、簸箕呀，挑的、扛的、提的，什么都有，预示着今年的农忙时节已经到来，仿佛已经可以看到田间那片繁忙的景象和勃勃的生机了。很多从周边地区包括隔壁县市的城里人来赶分社，只为体验这种古老集市的热闹，享受这里的美味小吃。草市的“赶分社”远近闻名，每年都吸引了很多背包客、艺术家来这里寻找灵感。草市最吸引游客的是淳朴的民风，游客想在这里寻找最美的乡情。

2. 端阳节

农历五月初五为端阳节，龙舟竞渡，振奋人心，盛况异常。是日，五龙下水，有朱家口的黄龙舟（插黄旗）、上街上的白龙舟（插白旗）、正街上的红龙舟（插红旗）、司门前的紫龙舟（插紫旗）、晏婆塘的乌龙舟插黑旗，每条龙舟配鼓铜锣手、手、指挥各一人，划船力士 20~24 人。陆地上配铳手一人。岸上，一声铳响，五龙竞渡开始，指挥挥动小旗，众力士使劲划桨。每一轮竞赛结束，岸上鸣铳为胜利者庆贺，此时两岸的观众为之跳跃，掌声雷动。划龙船的时候“草市七八条街，加上周围十多个村，二三十条龙船”，“划船的时候，有磕磕碰碰，有打架，这个时候就不管对方船上有没有亲戚，先打赢了，划赢了再说，划完龙船再论亲戚”。

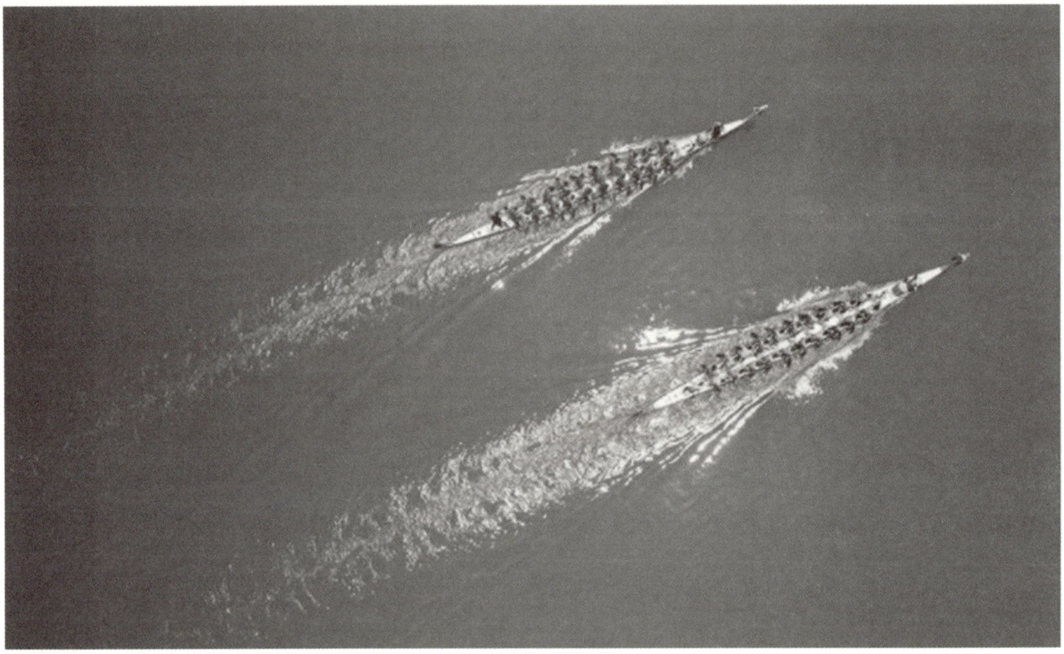

图 91　赛龙舟

3. 灵山庙会

与灵山庙同期形成的灵山庙会，也是热闹非凡。庙会经多年的文化积淀，已成为草市古镇的一道亮丽风景，散发着其独特的人文魅力。每年农历九月十三日是协应侯的生日（另一说是辅佐炎帝的重臣灵山侯的生日），乡人为了纪念他，而自发举行丰富多彩的纪念活动。如今，洣水、永乐江流域乡民每年都会自发献戏。从农历九月十三日起，举办为期十天半月的庙戏，唱戏在三十场以上，并有“抬故事”等文化活动，最后一晚的晚会往往会将庙会带入高潮。庙会期间，小镇热闹非凡，精彩的戏台，热闹的小摊，淳朴的草市乡民，千年古树枝繁叶茂，灵山泉水叮咚，山下渔舟唱晚，远眺群山叠翠，洣水如画，宛若现代清明上河图。

图 92　灵山庙会戏台

图 93　灵山庙会唱戏安排表

4. 作为贡品的草市柑橘

草市曾以“柑橘之乡”闻名遐迩。草市柑桔栽培始于南北朝，至今有1700余年的历史。衡东有个状元彭浚，据说他当时进京当官的时候，带了些土特产，被皇帝看中了两样东西。第一是三樟的黄辣椒，第二就是草市的广柑。也因此，三樟的辣椒下旨为贡椒，草市的广柑为贡柑。草市镇白茅洲（现属灵山社区）的广柑，曾为清代贡品，好出口苏联，并用于国宴，受到周总理亲自赞誉和外宾的好评，周总理经常用草市柑橘来作为款待嘉宾的常用水果之一。一九七二年，日本首相田中角荣访华，点名要吃中宗的衡东草市的广柑。全镇柑桔最高年产达5000吨，居衡阳各乡镇之首。每当金秋时节，这里漫山遍野黄澄澄的柑桔挂满枝头。由于得天独厚的自然条件，特别是白茅洲广柑、脐橙、血橙、冰糖柑、椪柑、印子橙（改良橙）、大红袍、哈姆林等许多优质高产，因色泽鲜艳、皮薄汁多、果肉脆甜、香气浓郁等特点，深受广大消费者喜爱。灵山八景之一《前洲柑黄》诗曰：“黄绿满洲霜醉酣，九秋佳会竞传柑；当前俯拾皆仙果，远致江陵不艳谈。”

5. 土菜“一绝”的草市豆腐

衡东土菜号称“一绝”，其继承了湘菜古的烹饪技艺、用料讲究、制作精细，品味注重新鲜、香辣、嫩软，具有浓厚的地方特色，2006年，中国烹饪协会授予衡东全国唯一的“中国土菜名县”奖牌。草市豆腐，出自农家老手艺，用料精选、水质绝佳、制作考究，因其嫩白可口，成为衡东土菜代表性菜品之一，远近驰名。因其古制作方法和独特的水质，草市豆腐新鲜香辣、嫩软，具有浓厚的地方特色。诗曰：“西施豆腐有奇传，名远声高震八仙。白嫩非常添妙趣，原来草市隐灵泉。”草市的“四碗、头碗”久负盛名，千里飘香。

6. 独得灵气的草市甘泉

古人兴建灵山庙时，灵山庙脚下的石头缝中涌出一汪清泉，其味道清洌甘甜，古人于是将其扩建为水井，至今已有近千年历史。千百年来，甘泉一直奔腾不息，欢快流淌。水井水位恒定，及时逢天旱水位也不曾下降，并且冬暖夏凉，在草市自来水厂修建前，一直是草市古街人民主要的饮水来源。

7. 古手工技艺

草市虽没有工业规模的制造业，古的手工艺却留存至今，而且工艺齐全，技艺精湛。“老手艺”不仅仅是一种物化的呈现，更是中华民族几千年来文化、情感，甚至宗族间深厚而绵密的传承。所谓的九工十八匠或三十六行，草市古镇样样齐全，各种工匠均有留存，部分收录如下：铁匠宋春生、刘秋苟；银匠伍恒吉、陈满粒；铜匠罗武生；皮匠周雨林；铸匠何逢年；弹匠谭晚乃、刘晚苟；纸马匠工旷礼谋；木匠王中林、边四乃；砖匠单祖贵；石匠谭基禄；漆匠向松梅；补锅匠单贵仔；制秤工周德云、朱世清；推子工单三苟，制香烛工肖治生、刘雪梅；做饼干曹树大；豆腐作坊单元吉、苏恒昌；制雨伞、草席工高胜泰；兽医刘迪生；熬焦糖、制酱油朱甲林；造船工周杨基；理发李金山；染布坊谭建民等。

以前请木匠进门那是非常客气的，烟酒茶果盘样样都不能少。特别是起新房时“安大

图 94　古手工艺：打铁

门”，那更有一趟仪式。摆香烧纸，点上一对红蜡烛，木匠师傅念念有词，大概是说些吉利话，然后用木匠师傅的斧子斩杀一只雄鸡，提着鸡冠，把鸡脖子的血洒在一张长条形的红纸上，红纸上写有“紫微高照”四字。然后再将红纸贴在门楣上悬着。如果是竖横梁立圆垛时，木工分立东西两头和房屋四角上，在房垛上杀鸡，放鞭炮，这个叫“出灯”。主家往往这时用红纸条包裹一些钱封赏给木匠，木匠师傅收到红包后唱喏些大富大贵等吉利话。

图 95　古手工艺：弹棉花

周德云来自做秤的世家。周德云记得少年时候，草市街上还有另两家双峰人，“一个做伞的，一个做牛皮木屐的”“做伞的七十年代还做，到八十年代就没怎么做了，普及自动伞了，他做的是油纸伞。做牛皮木屐的七十年代就没做了，牛皮修了七八年，现在不知道哪里去了”。

继续留下的是周德云的秤店。虽然电子秤盛行，但“还是有些人喜欢用杆秤”，不过也越来越少了，“老实讲，我店里的秤都是几年前做的，这批不卖完，我不做新的了”。周德云所经历的杆秤黄金时期是上世纪八十年代初，“每天要卖出去七八杆秤，比吃国家粮的收入多”。

漫步在小镇古街上，老匠人为你启开另一扇窗。小作坊里，没有机器的轰鸣，手工打奏出岁月的节拍，手艺是他们的生命，是他们寂寞的坚守，为我们留住了时光中的记忆。

8. 诗词文墨

衡东向来被称为“鱼米之乡”“皮影戏之乡”“花鼓戏之乡”“剪纸之乡”“印章之乡”和“土菜之乡”，这些优秀的文化元素，均能在草市古镇窥见其缩影。新中国成立前就有业余花鼓戏班、皮影戏班、锣鼓班、龙狮队等，镇上有书店、照相馆、绘画师艺馆等。新中国成立后至今，文化事业更是蓬勃发展。草市向来文人墨客荟萃，文化底蕴深厚，诗词氛围浓郁，仅《灵山志》记载的旧体诗就有 254 首，后又增收录 73 首，其中共收录对联 61 副。2013 年，草市镇荣获" 湖南省诗词之乡" 的美誉。如：

《沁园春 · 忆中草市》（二首）

罗敏中

（摘自 2013 年 06 月 20 日《湖南日报》）

一

二水交流，三邑相连，一镇扼滩。自罗霄发脉，神农北顾；衡山别景，赤帝东蟠。掷钵灵山，引泉虎跑，八井随潮涨落漫。时朝暮，聚街坊邻舍，汲洗盘桓。

圩场无尽无端。列土产、山珍蔬果摊。看村姑莽汉，贸丝抱布；远商近贾，登阁就餐。排客艄公，往来江上，稳握舵头勤起竿。彼何乐？享江风皓月，长啸凭栏。

二

僻壤富乡，物阜民康，四海名驰。看柑林掩映，农家小屋；村头矗立，氏族宗祠。隔岸洋房，旌飘省研，众志成城保帅旗。中秋月，但清香满甸，沁入心脾。

当年远走天涯。觅苏武牧羊旧迹遗。历高寒北极，冰山壁立；严炎黑海，沙岸逶迤。换了苏银，买回机器，为给家乡织彩披。不停步，接前行足迹，好景常兹。

草市灵山八景【古诗】

灵山一景：双流漾月

天下三分明月夜，

此间独得两分秋；
景中人儗今何当，
古有东坡太白舟。

灵山一景：峭壁回澜

横江石壁锁双流，
一折澜回万顷秋；
绿净此间睡不可，
仙居占作小瀛洲。

灵山一景：云根仙座

云中有石留仙迹，
石亦通灵久矣夫；
话到谷城成汉业，
传人得似子房无。

灵山一景：水际石枰

棋罢仙乘白云去，
偶留枰石镇名山；
世人欲问荣枯事，
祗在当年一局间。

灵山一景：故址楠荫

五季君臣无片土，
当年兄弟有馀春；
后人抚树思交让，
世教维持属逸民。

灵山一景：前洲橘色

武陵佳景桃源外，
十里烟寒橘柚邨；
此地绿林饶橘柚，
山中偕隐即桃源。

灵山一景：麓泉漱碧

玉女洞泉名景著，
未知得似此泉无；
若教坡老先尝得，

定换当年调水符。

灵山一景：山市炊烟

一元一梦谁先觉，
五季於今不二天；
正是黄粱炊未熟，
一烟引起万家烟。

（四）草市村生态旅游文化存在的问题

作为一种新兴的旅游方式，草市村的生态旅游正愈来愈受关注。目前，当地政府正在筹措多方资源，努力打造旅游专业村，以草市村为代表，结合市、县乡村旅游专业村打造，加大旅游宣传营销，积极发展土特产销售、农家乐等服务业，做大做强旅游产业。但仍然还存在不少问题。

1. 交通闭塞，旅游交通欠发达

这是我国古村落开发过程中普遍存在的问题。现存的古村落一般都很偏僻，并且交通欠发达，受到这些条件的限制，古村落没有得到较快的发展，虽然保留了原始农业时代的生产模式和生活方式，但阻碍了经济的发展。草市村位于衡东县草市镇，虽然已经修了公路，但是地方太偏僻，进村的路线较弯曲，这使得人们无法轻易进入。虽然草市村已被评为国家级古村落，但人们的认识度不高，这是其快速发展的一大障碍。

2. 基础设施不健全，无法满足旅游业发展的需求

古村落民居至今仍保留着农业时期的生产生活方式，设施简单，不能满足现代生活的需求。游客进入古村落后，不适应感增强，大大减少了游客的游玩兴趣，从而不利于其长远发展。此外，厕所等基础设施较为落后，对其旅游开发与发展造成阻碍。

3. 游览方式单一枯燥，不能吸引游客的兴趣

古村落的游览方式一般局限于观赏古建筑、了解古村落的发展历史以及购买纪念品等形式，不能满足现代游客多姿多彩的旅游需求。古村落很难吸引人们的关注；因此，提高知名度是古村落的一个重要课题。草市村考目前只保留了一定数量的百年建筑，虽然其建筑风格与现代具有鲜明对比，有考古价值，但是不能满足大多数现代游客的需求，且游览过程枯燥无味，难以提起人们的兴趣。

4. 古村落的遗迹保护措施不足

一是在过去的时间里，由于历史文化遗产的保护宣传力度不够，村民对古建筑的重视程度较低，人们对如何保护文化资源的认识相当缺乏。二是古村落至今未出台相关古建筑管理的方法，古建筑的保护力量较为薄弱，草市村的古建筑已经出现退漆，破损等现象，古建筑的保护力度严重不足。

5. 开发建设的冲击较大

近年来，城镇化的大规模推进使古建筑面临危机。草市古村落原有的场所和街巷空间逐步减少，部分体现古特色的古建筑被侵占、毁坏，古建筑的居民也希望能够改善居住环境，纷纷要求毁掉古建筑，修建新房子。草市村的古建筑中都住着村民，有的是家族后代，有的则是外姓人，这些外姓人对古建筑的感情不深厚，希望能够建设新房子，这对开发建设造成的冲击较大。

第三篇

衡阳古村落生态旅游文化发展愿景

第四章

衡阳古村落生态旅游战略

一、中田村生态旅游保护

图 96　清代民居

（一）月光塘生态旅游保护

1. 必要性

月光塘的生态旅游保护是随着产业结构的调整、第三产业的发展正如火如荼而出现的。人们对名山大川、山河湖海的流连忘返，逐渐司空见惯、习以为常，其兴趣点也渐渐淡化。为此，国家拉动消费的新的增长点也在慢慢培育，乡村旅游方兴未艾，一时风靡全国。中田村的基础设施改善、村民农家饭店的价廉物美、村民农家特色的古朴自然、绿色食品的天然纯净，吸引了越来越多的专家学者、企业人士、政府官员去关注、去发现、去挖掘。关注其山清水秀、发现其故土难离的乡愁味、挖掘中田旅游文化的内在动力。

为了避免良好的乡村环境在旅游发展中无序开发与破坏，中田所在的政府部门、爱心人士逐步认识到生态旅游的重要性，人与自然和谐共生的重要性，生态旅游保护的重要性。基于此，中田村月光塘的生态旅游保护也就应时而“现”，契合时代之需，民生之要。

拥有比较深厚积淀的中田村，即使偏离城市，也仍然在城镇化的过程中受到忽略，古村落正日益被边缘化，其旅游自然不可避免地受到影响，该村月光塘自然也处于旅游的边缘化状况。

村前的月光塘，村民放养了各种鱼类，每隔一定时间就会将青草、粪便倒进塘里，鱼儿四处游弋。早前开挖的小沟里的水从不同方向流进塘里，行走塘边，混合在风里的腥臭味一阵一阵扑鼻而来。水面上漂浮起各类颜色的杂物随波浪起伏不定。也许多年没有顺畅进出水道口，杂质难以排除或消除，水流不畅，水质不净、不优，离原来的村民饮用标准相距甚远。这种被破坏的状况，使中田村古村落的保护增加难度，也给它的发展带来羁绊。如果仅仅依凭游客来往这单一的旅游模式来推动古村的自然延续、存活是难以奏效的。而且随着月光塘的损坏，其所蕴含的山水人文等精神层面的文化也会受到不可逆的影响。由此涉及物质的遗产、非物质文化遗产以及生产、生活的文化都会逐步消失。基于此，如何在放养各种各样的鱼类的同时，保持水塘的水质符合放养标准与村民食用标准；如何让村民自觉遵守废水、污水处置规则，而合理排放废弃水；如何让村民自觉处理垃圾而不污染周边环境……这些都是保护月光塘生态旅游的前提。要想改变当前水塘的现状，就必须面对这些问题，并宣传发动原住户积极参与。

随着社会的发展，又正值国家大力推进乡村振兴战略之际，中田水塘保护与开发以及合理利用赶上了好时代，机不可失、时不再来。当地政府部门、村委会必须顺势而为，大力改造和建设月光塘，积极邀请地理、景观、建筑等方面的专家进行中长期规划设计，让古屋在新时代发展里发挥出应有的生态旅游文化功能。如水塘的水系必须逐渐具备景观、旅游、文化展示等多方面的功能。在中田村落中月光塘的水系以其蜿蜒的形态和灵动感，既丰富了村落的景观层次，又可以作为水上游船或塘边垂钓等特色活动的载体和中田的历史文化展示窗口而存在。

研究月光塘、开发月光塘为促进乡村旅游而努力，就有较大的旅游价值，也是符合当地原住民这一古村生态旅游最主要的保护者的利益诉求。

2. 可行性

月光塘也称半月塘。其的修建蕴含较为丰富的风水学原理。古人云：人之居处，宜以大地山河为主。生活中，很多户人家都有池塘并以此建立相应的生态系统，样式各一，凹凸者有之，椭圆者有之，方圆者有之，有的池塘一大一小而又相连、形似葫芦。古人认为：片钱半月塘，财谷百千仓，黄泉破军上，小儿落水亡。屋前风水池的形状如果呈现半月形，则为弯曲有情，而“水贵弯曲有情，忌水直射冲击”，弯曲代表家有余庆、钱谷丰盈。基于此，月光塘的保护就有了精神上的可行，在村民的理念里，有水就有了生气。炎热的夏天乘凉就有了去处。有了水塘，可以放养鸭子、鱼，还可以在干旱时浇灌水田。由此，不仅可以散养心性，还可获得物质上的帮助。因而从商业价值与风水学的角度，开挖、清理、利用月光塘为古村旅游服务，是有可行性的。

从堪舆学推算其开发是利于整个中田的发展。“左青龙，右白虎，前朱雀，后玄武”的人与自然和谐的居住环境。这是有一定科学价值的：背后的靠山，有利于抵挡冬季北来的寒风；坐西北向东南，刚好东南风穿堂而过，干爽防潮宜通风，冬暖夏凉；面朝流水，即能接纳夏日南来的凉风，又能享有取水、灌溉、养殖、消防之利；朝阳之势，便于得到良好的日照；缓坡阶地，则可避免淹涝之灾；周围植被郁郁，即可涵养水源，保持水土，又能调节小气候，获得一些薪柴。这些不同特征的环境因素综合在一起，便造就了一个有机的生态环境，利于人们居住。

开发利用月光塘作为生态旅游的载体的可行性还体现在商业盈利的模式上。比如政府主导、企业参与、村民自主就是一种合适的方式。根据中田村的规划也因此可以建立景区主导型盈利模式。即以月光塘核心，可以在周边为原住民建造一些带有环保又具有民俗特色的摊位、亭子、特色饰品店、农家客栈、中田村博物馆等。这样，立足中田村的“古”，做强做大中田村的“原生态文化”，追求中田村在历史长河里的“活”是具有较强的可行性的。

（二）古屋院落生态旅游保护

1. 必要性

古屋之“古”在于其历史，古屋之历史价值在于其“原真性”。然而，自从 20 世纪八十年代以来，城市化建设性破坏、旅游化建设性破坏，一直没有停止过。急功近利，过度投机、过度产业给古村带来难以言述、不可逆转的毁损。这也是古村每年每月不断消失的原因。这种方式的保护与发展将成为困扰古村永续发展的现实问题。

时值国家全面推进“五位一体”总体格局、协调推进“四个全面”之际，生态文明建设、乡村振兴战略就成为了中华民族复兴的应有之义。古村保护与发展是乡村振兴战略不可或缺之举。一个乡的生态旅游离不开古村落的生态旅游的开发与利用。保护好古村落的生态就会促进乡镇生态旅游的发展与兴旺。

基于问题的导向与解决，古村落的价值决定了需要全社会的参与。需要当地企业、古村原住民、所辖地政府、旅游专家、社会热心人士甚至游客等各方面的支持与协同共进。

当地政府需要有相关部门负责中田村生态旅游文化，有专人管理，当地企业要有相应规划，当地村落需要有人专门看管与宣传。建立并健全生态旅游机制，以制度管理，讲求责任制。

只有保护了，才有进一步的可持续。诚然，这种保护，不是局限于物质形式的固化建筑与文物的静态保护，而是涉及当地原住民生产、生活的“活化”形式的协同。古村的“活化”不能着眼于旅游与商业投机，而是着眼于它的文化资源的开发、利用与运营，只有文化的挖掘、变革、扬弃，积极运用辩证唯物主义，才会让古屋得以保存、延续。亦即只有从古村落尽力发现、掘取、吐故纳新才能找到保护古屋真正的“尚方宝剑”。也只有剖析古屋文化、整体格局、街头巷尾、依山傍水所依赖的儒学仁义、积极入世为怀、道家的道法自然与道常无为、佛家的慈悲与了悟。从不同角度、方位、渠道去探析古村文化资源、寻求古村多样的文化、科学运用、多方发展或可为古村秉持科学发展观的可持续发展的“四梁八柱”。在保护中求旅游发展，在旅游中求得古老村落在当代的命运。

2. 可行性

古村落延续至今，自有其内在机理。针对空心村、游客稀疏现象，可采取通过旅游方式进行保护。人们常说“互联网+”，也可以做“古村+”，古村不是用来怀念的，不是用来沉睡的，也不是仅仅用来旅游的，古村是用来承载我们对未来美好生活更多向往的。

中国有很多千年的古村，但是中国或许只有一个中田村或宝盖村。为此，希望我们所有的古村应该有更大的勇气，更大的耐心，更大的力量。从基础做起，慢慢把它发展起来。将村民或游客对古村美好生活的向往，装进古村落。

在古屋的总体保护方面。首先，依据村里原住民现状进行调查。了解村落的住户、年龄、性别、职业、搬迁出去的人数及其缘由、没有搬迁出去的人数与缘由等基本信息；其次，村委或乡镇机构依据基本信息。采取异地搬迁或原地保护措施予以经费、政策方面的倾斜，以获得原住民的支持。

在古屋的建筑保护方面。首先，时代发展，人才辈出，国家重视教育，重视生态振兴、人才振兴、农村振兴。在古屋的修复与开发方面具有众多知识渊博的专家学者。当地政府部门可以邀请他们参与古屋修复行动，或者聘请其担任顾问或教授，依据建筑学、历史学、堪舆学、社会学等知识原理，仔细梳理、认真开挖。从房屋的布局、石栏、天井、石条耳门、石框、门前的背云鼓等理出，从家里的桌椅板凳、橱柜、床、窗棂等分析。通过分门别类，查究其理，找出古屋内生的动力。以古屋的生态联系当前旅游的时代发展，就会从中发现生态旅游的契机。从保护这些原生态的房屋建筑风貌开始，为南来北往的客人提供生态旅游。

推动古村落持续、快速发展，按照积极稳妥、注重实效、政府指导、村民自愿、自主管理的原则，因地制宜。如果从外围加强水质与古屋周边环境治理，就为生态旅游提供了较好的条件。

水质治理上。聘请农林水利专家加强指导或者邀请农林类学院的教授组成团队，成立古屋水质治理课题组，在理论上予以研究，在实践上予以指导。突出治理猪圈污水、农药、化肥、农田废弃物带来的各种污染问题，想方设法劝导村民合理处置生猪养殖粪便排放地点与方法、古屋住户生活污水排放、水体饲料养殖等各种污染源，从可持续角度加强水质污染治理，根治水塘的水质污染，保护古村整体生态环境。

古屋周边环境的治理上。对于农村生活垃圾分散、零落特点，进行专人管理，集中处理。杜绝各种垃圾倒入水塘以至污染水质，抓好古村垃圾集中收集以及填埋的工作，建设古村生活污水净化池。

废弃物的处理上。对农业生产、加工以及居民生活废弃物进行多级、充分利用，减少生态系统外部物质与能量的投入，减轻农业生产性污染，维护生态良性循环。

通过如此治理，可以搭建古村生态旅游的平台，尽最大可能以古屋的原真状况呈献给世人。这就具有了较强的可行性。

二、沙井村生态旅游保护

旅游业的发展对古村落来说是把双刃剑，在给古村落带来经济增长、提高知名度的同时，在一定程度上也会带来破坏。所以在处理旅游开发与保护两者之间的关系时，应以保护为主，开发为辅，开发为了旅游。沙井村应以保存完整的村落为吸引物，以当地特有的民俗风情为支撑，打造原生态旅游地。

（一）古村落保护价值分析

古村落是久远的书，是物化的记忆，是中国文化的根脉所在。其价值主要体现在以下几个方面：

1. 历史文化价值

我国的古村落大多始建于明清时期，还有少部分建于南宋时期，历史悠久。古村落见证了历史的更迭，同时古村落也烙上了历史的印记，为历史考证提供实物和支撑。我国是多民族和谐共处的大家庭，古村落是各民族丰富、独特的文化的发源地，民族文化在此得到传承和发展。人们世代在古村落生产生活，形成了共同的生活方式和生活观念，古村落内部的利益关系盘根错节，情感纽带错综复杂，为了维护这样的平衡状态，与之相适宜的生活准则（如村规、族规、家规等）也就随之产生。古村落独特的地理特征和人文特征是宝贵的文化遗产。

2. 科学价值

古村落的选址讲究人与自然的和谐、尽量少占用耕地、依山傍水，追求一种天人合一的生活境界。古村落的建筑群大多始建于明清甚至更久远。古村落建筑的布局具有科学性，能根据地形特征与生产生活实际，创造性地设计出既满足物质生活需要又具有特色的建筑样式。沙井古屋的建筑材料就是就地取材——古桥和老屋的石料均取自离这 10km 的黄土铺，运一次石头要近半个月时间；天井的地面都是就地取材，用溪里的鹅卵石铺设。建筑是构成古村落形态的要素之一，古村落的建筑布局个体随意，整体统一。中国南方古村落民居大多是木质结构，北方、江南则多为砖木结构；南方村落住宅开放性较大，一般无封闭的院落，多以单体建筑为主，少数民族住宅多为多层木质瓦房为主，在北方、江南，住宅较为封闭，一般以四合院为主要表现形式，很多古建筑都将雕梁画柱发挥到极致。这些建筑形态别具一格、具有独特的功能，它们与地理环境巧妙融合，使古村落形态万千，美轮美奂。村民就是古村落的“规划师”和“建造师”，在前人经验的基础之上，他们不断地进行实践和探索，自主设计建造民居建筑，科学选取建筑材料并合理布局，创造了一个又一个神秘的古村落。

3. 艺术价值

古村落的建筑艺术成就颇丰，木质结构的民族古建筑、古建筑的雕梁画柱更是让人叹为观止，其装饰所用到的木雕、砖雕、石雕和彩绘等手法，不仅其手法技艺精湛高超，其雕、绘的内容更是蕴含丰富的艺术价值，充分展现了民间艺术和民间文化的魅力，如其所雕、绘的花鸟虫鱼、人物、寓言、神话、传说等不仅表达了追求幸福安康、吉祥富贵的美好愿望外，还体现了当地民俗风情。这些装饰手法和其内容在一定程度上反映其独特的审美情趣。

4. 社会价值

古村落是中华民族的根，保护好村落就是保住了中华民族的根脉。我国仍属于农业大国，保护村落就是加强当地村民对自身古文化的认识，对于增强其民族自信与文化自信有着不可估量的作用。古村落有着深厚的宗族情缘，保护好古村落对于加强海内外的华侨、港澳台同胞交流起着关键的作用，起着促进中华民族的团结统一、增强中华民族的民族凝聚力的作用，对于我国的和平统一有着积极的意义。

5. 旅游价值

古村落是与现代都市明显不同的一种生活形态，古村落别具一格的建筑形态、随意安静的街巷布局、淳朴真诚的社会文化、散漫恬然的生活方式与都市的钢筋混凝土、车水马龙的拥挤、过于追求经济利益而略显冷漠的生活态度、走马观花似的的生活基调形成了鲜明的对比，这也使得越来越多的都市人希望“逃避”城市的喧嚣，到乡村去呼吸新鲜的养分，放慢步调、净化心灵，追求身心的愉悦和释然

（二）沙井村生态旅游保护现状

1. 沙井古屋生态旅游保护现状

沙井古屋是祁东县乃至衡阳市规模最大的古民居建筑群，是集院、堂、井、廊、弄、亭于一体的特色湖湘民居。两百多年前，由一刘姓家族在此陆续建造而成。新中国成立后，刘家产业在土地改革中被全部充公，其宅院也被100多户外姓人家分而居之，目前在沙井老屋居住的30余户没有一个刘家嫡系传人。整体村院占地30余亩，现存古建筑面积达14095m^2，分沙井老屋院和沙井新屋院两处，相距300余m，规模庞大，气势恢宏。村民们介绍原来每排屋都有绣脑，绣脑上刻有福字，大院砌有三层围墙，围墙外全都是树，抱围大的树。

虽然现在只能从村民中的口中，才有隐约想象一下当时老屋本来的面貌。但只要细心观察，老屋古韵尚存、布局合理；层楼叠院、随形就势；纵横有致、相互毗邻；空间紧凑而又多变，形式丰富而成规则；路巷大小有度，房间主次有别；天井四合院，青石排水沟；中轴对称，多进相联；采光通风，防火防盗，源于自然而又胜于自然，沧桑间渗透着浓郁的湖湘文化气息。穿梭于老屋巷道，仿佛步入幽深的历史；抚摸着青砖石墙，仿佛闻得着当年刘氏祖辈艰苦创业的热汗气息；穿过岁月的烟尘，沙尘湾古居的历史底蕴、文化内涵、科学构建，更加让人折服、惊叹。

该村落规模庞大，建筑布局完整，建筑形制在全国少有，而且保存较为完好，具有很大的文物保护价值。2013年被列入第二批中国古村落名录。

近年来，祁东县因地制宜，加大对沙井古屋人文历史的传承及保护，坚持文物修复的原则，依法依规完成了大院墙、大厅堂的修复和院内危险建筑抢救性的修复工作；将古建筑群规划为核心保护区，清除区内违章搭建物，保持环境整洁卫生，确保村内外干净整

洁；改良了周边停车场，进一步完善了池塘等村庄景观及周边环境设计；摸清村内在住居民人数，了解清楚居民的意见，加大宣传力度，完善村规民约，提高村民的文物保护意识；预备将古村落建成祁东民俗文化的展示场所。

2. 生态旅游保护主要存在的问题

（1）古村落保护问题

村干部自身文化水平、能力有限，集体经济薄弱，在古建筑保护方面缺乏经验、资金和技术，依靠村集体自身很难对古村落进行很好的保护。在保护整治和建设发展中缺少必要的依据，随意性大；往往只注重“点”的保护，而忽视“线”和“面”的整个空间结构的保护。

（2）历史环境要素改善问题

随着时间的推移，一些古建筑年久失修，随时都有倒塌的可能，为保存其完整性带来了困难，同时也存在不少安全隐患。对这些问题，目前改善的方式简单化，仅考虑满足专业部门的要求而忽视了历史文化名村保护的一些基本规定，难免造成不可挽回的损失，亟待进一步改善，加大力度持续用于修缮和维护。

（3）信息档案完善问题

对自身拥有的历史文化资源底数不清，对资源的种类、数量、年代、工艺、材料等基本信息建立档案不全，导致在保护管理中缺乏科学的安排，影响了历史建筑的挂牌保护和宣传展示工作的开展，妨碍了历史文化资源的合理利用。

（4）基础设施薄弱问题

基础设施建设不尽完善，成为当前制约名村创建及民俗生态旅游发展的一大难题，随着村民物质生活水平的不断改善、精神生活的逐步丰富，以及游客对旅游硬件设施需要的日益提高，亟需进一步完善既惠及村民又造益游客的基础设施建设。还要增设监控设备，加强防盗监管，避免古屋内的文物被盗。

（5）管理人才匮乏问题

不管是在历史文化名村创建，还是在民俗生态旅游发展方面，都缺乏专业管理人员，管理力度不够，整体服务质量不高，在一定程度上制约了历史文化名村建设与民俗生态旅游的发展。

（6）水务环境污染问题

古屋旁有一条沙井河，自西而东，依村傍院而后延伸向旷野平畴，滋润着肥沃的土地。由于污水处理等基础设施建设不足，生活污水、农业废水等污水长期大量直接排入河中，影响河水水质。古屋内还有荷花池、排水沟等，由于古屋内还有村民居住，生活用水和垃圾也影响古屋内的环境卫生和村民的生产生活，更影响历史文化名村的创建、民俗生态旅游的发展。由于沙井村集体经济收入较为薄弱，自身实现跨流域综合整治工程难度非常大。亦亟需规划用地，将部分村民迁出古屋，以免古屋的人口承载量超负荷。

3. 生态旅游保护路径

根据对沙井村生态旅游的问题分析，古村落旅游保护应遵循有利于乡村文化传承价值的目标，有效保护村落原生态特质及其文化空间、创造有利于古村落文化可持续发展的生态环境，实现古村落生态旅游保护。

（1）完善历史文化资源的建档保护工作

对构成历史文化名村主要要素的历史文化遗存状况进行摸底调查。加强历史文化名村保护规划的编制、实施和备案管理。加强对历史文化名村保护的监督管理，保护脆弱的历史文化资源，确保历史文化名村的可持续发展。

（2）多方筹措资金，采取合理的旅游开发模式

引进资金参与村政建设和生产经营，引入战略投资者共同开发民俗文化创意旅游产业，可做成特色商业区和民宿，增加社区财政收入，建设美丽乡村，保护古村落。向当地政府申请专项财政资金，以弥补各项建设的资金缺口。

发展乡村旅游要树立“可持续发展”科学理念，通过保护乡村古文化、建设乡村文化生态，最终实现经济、社会、文化和环境保护的协调发展。实现乡村旅游可持续发展，一是要把乡村全面发展视为乡村建设的终极目标，不以破坏乡村原有自然与文化环境为代价谋取乡村旅游经济的增收。二是可以采取“旅游目的地发展旅游业有所限制”的“前台—帷幕—后台”旅游开发模式。打造“前台”来“舞台化”展示乡村文化、大规模接待游客；建设“后台”以“真实性”保护乡村文化，只对少部分与后台相关或后台允许进入的人才（如科研者等）开放；设置“帷幕”来分割前台与后台。在许多地区旅游发展中，这种模式已取得良好效果，可以在沙井村尝试，探索乡村文化生态旅游保护路径。

（3）加快基础设施建设，加强环境综合整治

做好基础设施建设规划和管理，加大对基础设施的建设力度，对基础设施的建设进行资金倾斜，尽快使基础设施配套建设满足历史文化名村的创建和民俗生态旅游的快速发展。

政府相关部门应重视沙井河的整治，加强跨村际的合作和联防联治，建立联防联动机制，加大扶持力度，完善该村落的基础设施建设，解决乡村污水乱排、水体污染、周边农田污染、绿化设施等诸多环境问题。

（4）加强人才队伍建设，保障乡村居民的参与权利

加大乡村人才队伍建设的扶持力度，积极引进管理专业人才，对相关人员进行培训，提升其总体素质和服务能力，创新管理方法和管理途径，提高管理和服务的效率。鼓励和支持企业、个人、社会等各方面力量加大对乡村实用人才工作的投入。

古村落是多方利益主体活动的空间，古村落旅游开发与保护亦是多方利益主体共同参与的过程。因此，旅游保护要建立良好的参与机制，保障乡村居民的参与权利。一是要充分尊重居民意愿。可以考虑选择乡村的“经济能人”“文化能人”等作为乡村居民的代言人，在乡村旅游规划、管理与监督中，听取并采纳其合理的意见。二是要赋予或夯实居民的参与权力。要通过加强乡村旅游基层民主建设，为当地居民参与生态旅游保护提供路径依赖。

（5）提升规划和设计水平，发展民俗文化创意旅游产业

沙井古屋历史悠久，当地的民俗文化也内容丰富，风格独特。祁东县内有花屋“小九

寨”、御龙湾休闲度假区等景区，游客在游玩其他地方后，便可来此处古村风情，体验慢时光。在旅游保护开发上，可邀请专业的乡村旅游规划公司、农业领域的专业咨询策划公司或者高级别的综合旅游规划公司承担古村落村旅游开发项目。承担规划任务的规划主体也要摸清沙井村的文化家底，在坚持“可持续发展”的原则下，将乡村文化生态保护融入到乡村旅游开发中去。另外，提升设计水平。如建筑的设计要在生态景观理论和技术指导下，尊重村落特色与风貌，最大程度地保留原汁原味的乡村文化和乡土特色。乡村整体设计要立足于古村落地域范围内的自然与文化资源，深度挖掘具有地域特征的文化符号，不能简单地复制、抄袭。应充分利用资源，大力发展文化创意旅游，开发利用古民俗进行现代化包装。在旅游设计中彰显古村落文化特色，无疑是村落旅游发展中生态旅游保护的重要路径之一。

三、宝盖村生态旅游保护

（一）社会经济促进效应

1. 拉动农村经济发展

近年来，特别是2016年提出实施全域旅游、建设旅游强市战略以来，衡阳市依托丰富的自然生态景观和人文生态资源，大力发展乡村旅游，打好生态、文化、名人名山三张牌，推进“旅游+扶贫”融合发展，开发了一大批特色鲜明、深受游客喜爱的乡村旅游景点，如宝盖镇银杏公园、雨母山镇百万花海、珠晖区茶山坳镇、西江瑶寨风景旅游区等旅游景区。通过开发“乡士”旅游景区景点，吸引了各地游客前来观光。乡村旅游正为衡阳市农村经济社会发展注入新的动力与活力。

旅游业关联度极高，发展乡村生态旅游把农业、餐饮业、食品加工业、交通运输业、住宿业、建筑业等产业整合在一起，不仅促使农业产业的改造和升级，又带动农村第三产业的兴起和发展，解决农村剩余劳动力的转化和就业，是农村产业结构调整的重要措施，从而有效促进经济的良性发展。

2. 助力建设生态宜居的美丽农村

习近平在古生村调研的时候强调，农村要留得住绿水青山，系得住乡愁。但现如今，在先发展后治理、边污染边治理等急功近利观念诱导下，很多农村已经被破坏得面目全非：污染“上山下乡”，河流“鱼肚翻白”，土壤“中毒日深”……日渐红火的乡村生态旅游不仅给农村带来了人气、财气，也促进了农村生态环境的保护与建设。在大力推进农村“厕所革命”，打好农村面源污染防治攻坚战，树立文明乡风等一系列措施促进下，一些村容整洁、各具特色的旅游小城（村）镇应运而生，乡村旅游地村容村貌焕然一新。截至2017年底，全市成功创建旅游强县3个（南岳区、衡东区、耒阳市），特色旅游名镇4个（衡东县荣桓镇、衡南县宝盖镇、珠晖区酃湖乡、常宁市庙前镇）；特色旅游名村14个；创评星级乡村旅游服务区（点）94个，其中五星级乡村旅游服务区（点）20个、四星级乡村旅游服务区（点）47个，形成了较好的示范效应。

3. 促进农村历史文化资源的传承

一方水土养一方人，一方人创造一方文化。散布在乡村民间的古民居、牌坊、习俗、仪式、宗族、宗教等都是发展乡村生态旅游中可以挖掘、利用的重要历史文化资源。但是由于定位不准，对文化资源挖掘缺乏深度，综合投入不足等原因，造成文化资源没有得到科学合理地开发利用，渐渐式微。随着乡村旅游的开发，衡阳市乡村独特的历史文化更好地保留了下来，使得乡村历史文化获得新生。衡阳市珠晖区茶山坳镇突出“乡村”特色，紧扣“乡村”做特色，依托珠晖塔，古衡州窑址，酃湖乡的酃县遗址、天子坟、湖东书院，沿江的三师旧址、湘南学联陈列馆、退省庵、三甲工程兵学校旧址等历史文化元素，围绕“文化”做内涵，将茶山文化旅游打造成为具有持续生命力的旅游品牌。此外，王船山、罗荣桓、夏明翰、蔡伦等历史名人也成为衡阳市发展乡村旅游的宝贵资源，促进了衡阳市农村历史文化资源的传承。

（二）古民居建筑群生态旅游保护

1. 必要性

有数据表明，2000—2010 年，中国自然村由 363 万个锐减至 271 万个。10 年间，90 多万个自然村消失。古村落正以每天超过上百个的速度加速消亡。有的古村落经年历久，多已破败，重修无力；有的当成“摇钱树”，随意推倒重建，匆忙开发；还有的早已从地图上消失。如何保住古村落的“魂”，已成了保护古村落课题中迫在眉睫的问题。

宝盖楼古民居建筑群历史悠久，可以上溯到北宋时期，充分体现了清代高超的建筑艺术。宝盖古民居是重要的历史人文景观，也是湘南地区以古民居为特色的旅游名片之一。原始的山水风光，淳朴的民风民俗，以及清新的空气、纯净的水质，吸引了一批又一批的游客前往。

从建筑艺术与教育价值来看，建筑作为一种空间造型艺术，具有观赏的意义。宝盖楼古民居建筑群的空间布局、建筑装饰带有深厚的历史文化内涵和浓郁的象征意义，体现了当时的审美追求。如牌楼屋大厅建筑结构的三处特别。一是建筑选材特别，主横梁为呈弓形的大木，蕴含“曲亦成才”“大丈夫能屈能伸”的古文化思想。二是朝向特别，中间“八字”朝门。三是排水系统特别。整个建筑的生活排水都汇集门前池塘里，隐喻“肥水不流外人田”。宝盖楼古民居建筑群既是土木建筑的建造成就，也是民俗文化的艺术精品，在今天仍具有很高的艺术与教育价值。

从古居住文化价值来看，宝盖楼方圆数里都为廖姓居住，以宗族、血缘关系为纽带，聚族而居。从古村落的选址、布局、建设、装修，到人们的习俗，观念，思想、行为，都是在地方古文化的指导、影响下逐步形成的，充分体现了中国古代建筑选址和布局的“天人合一”思想。在聚族而居的古村落，高度重视祠堂建造，祠堂住处强调风水，重视堂号家声，如宝盖古民居建筑群“世承先泽”匾额，以及“四水归堂”和“肥水不外流”设计布局。保护好这些古民居，就相当于保护好历史风貌与地方文化，就相当于保护好研究湘南古建筑的重要实物资料。

从社会与经济价值来看，宝盖楼所处之地，“一弯绿水，两岸青山”，有令人流连忘返的人文景观和自然景观。古民居建筑群适应当地冬冷夏热、四季分明的气候环境，整体规模宏大，布局错落有致，自然生态平衡发展，体现了人与自然的和谐统一。古建筑群由四处连成一起的古民居组成，具有强大的向心力和凝聚力，在当时促进了社会的稳定和人际关系的和谐发展。周边自然生态环境优越，民风淳朴，基础设施较好，如果把宝盖楼、有机茶场、衡安古道、良崇菩萨崖、鼓龙泉、黄金海公园等周边景点有机结合起来，形成古村落生态旅游圈，预计经济价值是十分可观的。

然而，当前宝盖古民居建筑群的保护与开发，还存在诸多困境。

一是亟待修复的困境。宝盖古民居共有三处，呈三角形分布在宝盖镇的三个方位，分别是东边、西边和南边。其中西边及南边的古民居楼在近年得到一定修复。但东边的大屋场，除了廖氏祠堂在近年得以翻修外，更多的清代古建筑都是一副衰败萧条模样。残垣断壁、杂草丛生，成为了昆虫的乐园；裸露的电线、随意堆放的木材，随时都有引发火灾的危险；甚至有些已经成为危楼，墙壁开裂，房顶漏雨，只留下一片些孤零零的破窗破墙摇摇欲坠，随时都有倒塌的危险。这样的古民居难以留下游客驻足的脚步。古民居辉煌的历史只会被风雨所侵蚀，随着岁月的洪流慢慢消失殆尽。

二是管理与规划的困境。古民居建筑管理与规划是一个长期、缓慢的过程。时间长、投入大，而收益见效极慢。在投资修缮和维护的过程中，大部分是当地政府财政投入，很难获得民间资金支持，往往投入跟产出不成正比。在古民居建筑的保护过程中，还相对缺少相关的法律、法规约束和监督。部分法律涉及有关文物的保护，但是并没有出台相关的细则，在实际的古建筑保护中与想象的是相差甚远的。另外，古民居建筑群日常保护和管理力量相对薄弱。部分居民缺乏责任感和保护意识，许多人仅把古建筑理解为是一种物质，甚至还有不少人认为这些旧时代的陈迹是落后生产力条件下形成的，不能够满足新时代的生活要求，而没有把它作为一种珍贵的精神财富。目前，古民古文物遗弃、盗窃、破坏等现象时有发生。例如，木雕凤凰被文物贩子以 3000 元非法买走，廖氏祠堂柱子下的 10 个清朝汉白玉石墩被盗，古匾成了工地上的一块木板。

2002 年，衡南县委、县政府授予宝盖楼古民居建筑群“庭院文化示范单位”。2005 年，列为“县级文物保护单位”。2011 年 3 月，湖南省委省政府公布“为省级文物保护单位”。2016 年 11 月，被中华人民共和国住房城乡建设部等部门列入第四批中国古村落名录公示名单。对宝盖楼古民居建筑群的生态旅游资源进行有效地开发利用，确定科学保护方案，不仅对于当地古村落发展具有现实意义，而且对于其他类似建筑群的保护和利用也具有一定参考价值。

2. 可行性

近些年来，市县领导班子在经济发展转型期，充分认识到发展乡村旅游的重要性，并加大基础设施建设力度，加大对乡村旅游的投入。2010 年，《衡南县旅游发展总体规划》出台。2015 年，衡阳市正式启动旅游发展总规编制工作；2016—2017 年，该县启动全域旅游规划、宝盖镇景区和冠市片区等规划编制工作，拟定了宝盖古民居、岐山森林公园、莲湖湾等重点景区创建提质方案；湖南省第十一次党代会报告提出，要建设以“锦绣潇湘”为品牌的全域旅游基地。

宝盖楼古民居建筑群正处于一个全新的、快速发展的时期，以有效保护和合理利用宝盖楼古民居建筑群及其历史风貌格局为主题，通过整治环境，调整现有使用功能，为人们了解、认识、感受这一文化遗产提供多种方式、多种途径，增强观赏的趣味性，增强该历史遗存的吸引力。

对于古民居及其文物，首先，政府牵头组织专门人员对现存的古民居及其文物开展全面的、细致的综合性调查，将清查的结果登记造册，并在原有保护范围基础上，进一步明确保护对象。对历史文化建筑部分要求原汁原味地保存。其次，政府应尽快制定切实可行的保护规章或条例，将古民居纳入法律法规保护的范畴，严惩人为的破坏行为。

同时宝盖大屋场的古民居修缮是很有必要的，破坏宝盖古民居的金字招牌。建议尽快将宝盖镇大屋场目前已经倒塌的大屋场原古民居（共有两处）进行修缮，使其连成一片古民居楼群，展现其古朴的原始风貌，让村民住进去，恢复以往居住、生活的自然场景，使古民居焕发出生活气息，吸引四方游客，让人来了就不想走，一天游变成两天游，两天游不完变成三天游，留得住客人才能做强做大旅游产业，造福宝盖乡亲。其他保存较完好建筑修缮采取“重点修复”“防护加固”和“日常保养”的整治办法，切忌大拆大建。

在保持宝盖古民居建筑群古朴、自然、清幽的环境景观特点和规模宏大、布局严整的组群特征的基础上，充分发挥现有优势，深入发掘其固有的丰富的文化内涵，突出其高雅的文化气息与独特魅力，使之成为有关衡南地区古建筑、雕刻、文化艺术和廖氏文物资料的收藏中心、展示中心、宣传中心和研究中心，并成为衡南地区最具特色的建筑、雕饰、绘画、书法与文物陈列为一体的标志性历史文化风景名胜地。增加宝盖乡村游的趣味性。修建宝盖特色农产品一条街，让旅游者随时随地可品尝宝盖的土特产，体会不一样的乐趣；推出宝盖独特乐器——唢呐表演秀、农特产品制作现场展示秀等人文节目，让古民居洋溢出生活的气息、美食的诱惑，游人不仅可以观看古民居，还可以在宝盖镇休闲、购物、住宿，体验乡村迷人的夜晚。

建设部科技司司长李先逵曾提出，衡量城市现代化建设成功的标准有两个，一是现代新建筑建设比例，二是对文化遗产、古建筑、古民居保护的水平如何，这两个水平高才是城市成功的现代化标准。所以，在推进城镇化建设的过程中，应结合古民居的规划整治进行保护建设，既要保护古民居风貌，又要改善群众的生活环境。

（三）民俗文化生态旅游保护

1. 必要性

古村落是中国古老文化的最生态化的记忆，是农村乡土文化的活文物。古村落的保护，不仅是古的静态化保护，更多的是需要“活态化”保护。不仅要保护其建筑，更重要的是还要保护其世代传承的非物质文化遗产。随着社会经济的快速发展，城市的人们向往陶渊明笔下“采菊东篱下，悠然见南山”的乡村田园生活，因此以“古色古香”“原汁原味”为主要特色的古村落，成为旅游开发的重点。

宝盖村四面青山环绕，流经而过的沙河、美丽婀娜的仙岭养育了这方儿女。当地民风淳朴，保存了千百年来的农耕文明。浓郁的民俗风情和乡土文化通过逢年过节的打渔鼓、对山歌、舞龙灯、划龙舟、耍狮子、唱花鼓戏等形式得以展现。唢呐迎亲、钟鼓庆春、鼓乐祝寿仍时常可见。就民间手工艺而言，种类繁多，形式各异，剪纸、纳鞋底、采茶、做烧饼在宝盖村较为多见，充分体现了农耕生活的悠然恬静、丰富多彩。

近年来，宝盖依托银杏基地、有机茶园，大力推进乡村生态旅游发展。秋冬时节，“满城遍是黄金甲”，络绎不绝的游客来宝盖观赏银杏风采（图 101）；初春时节，有机茶园开始采摘春茶，游客前来体验采茶、制茶、品茶（图 102）。相继举办的银杏文化节、乡村旅游节、春季赏花节、黄金海踏青节更是通过特色农产品展销，旅游书法摄影展、乡土特色歌舞以及民俗节目等，吸引了众多游客前来观赏自然风光，品尝农家美食，寻找美丽乡愁。新的旅游资源、新的发展机遇、新的民俗文化传播方式，对于拉动地方经济发展，创建旅游品牌，有着重要的作用。

图 97　宝盖银杏挂果成林图

图 98　宝盖有机茶园风光

民俗文化是广大劳动人民创造和传承的民间文化，是在共同地域经历了历史沉淀和传承的文化古，是历史发展的产物。通过民俗文化的代代相传，宝盖古村保持着其原有的部分生活习俗，具有一定的稳定性和连续性，有助于民俗文化生态旅游资源的深度挖掘，不仅可以带来可观的经济效益，还可以产生广泛的社会效益和深远的生态环境效益影响。

2. 可行性

古村落民俗旅游是古村落生态旅游的一部分，由于古村落民俗所具有的丰富文化内涵，富有吸引力和深入开发挖掘的潜力。旅游者在旅游活动中可观览、参与、体验当地民众的古村落民俗节庆、地方性文化戏种与活动、民俗服饰、习俗体验等。

一是尝试创建“宝盖历史文化展示馆”。厅内设系列展示厅，如土特产制作出售展示、地方图文资料及名人名流情况展示等，其中古民居文化展示厅着重介绍宝盖古民居建筑的历史沿革、艺术风格，并集中展示收藏来的散存于民间的文化实体物件。

二是挖掘乡村体验旅游文化资源。主要是以欣赏古村落、古建筑、田园风光、感受古文化氛围从而达到修身养性，放松心情的目的。同时旅游者也可以参与古村落的农事活动，体验当地美食、绘画、刺绣等活动。通过整合提升现有生态旅游资源和乡村体验旅游资源，培育发展具有观光、采摘品尝、参观考察、科普教育等功能的乡村旅游。

三是进一步丰富旅游产品。根据当地特色和资源优势，紧紧围绕农业生产过程、农村风情风貌进行精加工和深加工，开发出新兴旅游纪念品、手工艺品和特色小商品，例如宝盖镇可大力推介“宝盖三宝”（银杏、罗汉果、绿茶）和宝盖楼烧饼，推出银杏茶、药用银杏叶、银杏叶枕头、生态米、坛子菜、深山干笋干蕨等原生态的农副产品，以吸引游客观光。

四、草市村生态旅游保护

生态旅游为古村落提供了一种新的发展路径，能使古村落得到动态的、活化的保护，给古村落带来经济、文化、环境等方面的积极影响。

一是发展生态旅游对古村落经济具有重要意义。古村落旅游业发展，带来的最直接的效益就是乡村经济的增长。旅游业发展为古村落注入新的经济动力，促进乡村产业结构调整和农民增收，提高村民生活水平。同时，旅游业还能促进其他相关产业的发展，为村民提供更多的就业机会，使村民不用外出打工，直接在家门口就业，在一定程度上改善村庄空心化和老人孩子留守的情况 。

二是发展生态旅游对传承古文化具有重要意义。旅游发展为古文化的传承和发展提供了动力和支持。地域文化是古村落旅游的主要吸引力之一，为了丰富旅游产品、增强古村落对游客的吸引力，必定要充分挖掘古村落的文化旅游资源，使得濒临消失的古文化得以恢复、保护。由于旅游的介入，为古文化增加了旅游价值和经济价值，村民在享受其带来的经济效益的同时，会增强文化自信心和自豪感，促使村民积极自觉地投入到古村落古文化保护和传承的工作中去。

三是发展生态旅游对改善古村落环境具有重要意义。完善的基础设施和良好的生态环境是旅游发展的基础，为满足旅游需求，乡村游会促进生态环境整治保护和基础设施建设完善. 完善的基础设施和优美的环境在服务旅游的同时，也为村民提供更加便捷、舒适的高品质生活.

衡东草市镇是集人文、历史、建筑、民俗等多种文化于一体的古镇。境内有“灵山胜地”“八仙下棋”“猴子捞月”“合福林寺”等名胜古迹。该镇耕地集中成片，土地肥沃，水源充足，发展农业生产，具有得天独厚的有利条件。早在 1990 年全镇双季水稻就已过吨粮。草市曾以“柑桔之乡”闻名遐迩。草市具有很高的生态旅游价值，对其进行生态旅游保护是非常有必要的、也是可行的。

（一）灵山生态旅游保护

1. 必要性

灵山位于草市街首的水河畔，山似铜钟，孤峰独秀。山顶于唐同光年间（923—926年）建有灵山庙：千余年来，几毁几建，香火经久不衰。原庙坐西向东，庙南建有灵山神行宫，行宫右侧为草市古戏台。灵山庙左侧有明万历三十七年（1609 年）由本地一谭姓举人创办的中洲书院。在灵山庙北东侧仍保留有一片原始次森林，千年古树枝繁叶茂，灵山泉水叮当，山下渔歌晚唱，远眺群山叠翠，洣水如画。明代诗人张治在《草市灵山庙》一诗中咏道：“登临犹不倦，依杖更山扉；旧壁龙蛇落，空堂蝙蝠飞。云香流别涧，树影动深矶；便欲招山侣，青衣振羽衣。”清代诗人刘诏升在《草市灵山》诗中写道：“市临江浒渡头喧，峭壁高悬古庙存，案舍酒楼连画阁，一湾回抱俨孤村。”每年“春分”时节，在灵山庙旁都会出现一次本地及周边界市老百姓自发的大型民间特产交易节庆活动，古称为赶“分社”。活动期间，赶“分社”者多达十万之众，人流如潮，热闹非凡。同时，灵山也是即道教、佛教文化于一体，具有重要的人文价值和生态价值，但随着工业文明的发展，灵山的生态环境也不同程度的受到破坏，因此，对灵山生态旅游进行保护是非常有必要的。

2. 可行性

为了响应国家提出的乡村振兴战略，衡东县大力加快推进美丽乡村，草市镇更是积极推出了“宜居草市·生态乡村”建设活动。草市镇生态环境优良，是衡东县的生态重镇，近年来，草市镇深入贯彻党中央“绿水青山就是金山银山”的新理念，认真落实县委“生态立县”的发展思路，着力打造生态草市。而灵山拥有一片原始次森林，期间千年古树枝繁叶茂，灵山泉水叮当，是重要的生态景区。同时，当地政府更是提出了建设旅游专业村的发展思路，以草市村为代表，结合市、县乡村旅游专业村打造，加大旅游宣传营销，积极发展土特产销售、农家乐等服务业，做大做强旅游产业，这是利国利民的好事。因此，灵山生态旅游保护是可行的。

（二）草市老街建筑群落生态旅游保护

1. 必要性

古村落保护是社会文化、生态环境保护的重要内容，草市是千年古镇，最初形成于唐宋时（907—960年），从头至尾青石板街、吊脚楼和老街风貌保持完好，自然生态环境本底优越，地域文化底蕴丰厚，并具山、水、洲、镇等景观要素浑然一体，其中的古建筑群落是草市古镇的重要象征之一。2015年，入选首批“湖南十大最美古村镇”，入选湖南第七批“省级生态乡镇”“湖南省诗词之镇”，草市村入选第四批中国古村落名录，是生态宜居的理想之地，因此，对其进行保护是非常有必要的。

2. 可行性

草市古建筑群落保护要与美丽乡村建设、乡村振兴发展等有机结合起来；要完善村庄规划，做好村容整治，加强风貌保护，保留历史原味；要延续村史文脉，保护历史古迹；深入挖掘古艺术，结合古民俗、人文典故，凸显地域文化特色；对草市村的村前村后做好相应的标志性引导建设；要形成新业态，让草市村落有生命力的同时让老百姓富起来；要完善草市村保护指挥分配工作，建立古村档案，推动草市村保护可持续发展。

要统筹新村、古村建设，首先要明确定位新村和古村的不同功能，做好相互衔接，其中一个重要思路应该是“利用古村吸引游客，利用新村完善的设施服务游客”，一方面，要保护旧村的原生态的物质和非物质文化遗产，挖掘旧村的历史文化价值，开发旅游特色资源；另一方面，是做好新村的规划、整治，为村民提供良好的居住环境，并建设完善古村旅游服务的各项设施，如餐馆、旅店、商品等，这些设施应大部分建在新村，避免在古村过度的建设而破化古村的古朴氛围。

第五章 衡阳古村落生态旅游文化展望

党的十九大报告首次提出“实施乡村振兴战略”。乡村振兴战略是一个关乎农村产业、生态、文化建设的综合课题，涵盖了经济、政治、社会、生态、文化多个领域。文化振兴是乡村振兴的题中之义，也是支撑乡村振兴的重要精神动力。古村落作为古建筑精髓和群居文化的重要组成部分，也是祖先留下的一笔珍贵历史遗产，推动乡村文化振兴，应当深入挖掘古村落的文化价值，让古村落留下来、活起来，规划不同的古村落活化之路，让古村落在乡村振兴中发挥新优势，展现新作为。

一、中田村生态旅游文化展望

尽管很多地方对古村的开发都停留在对历史传说的尊崇上，但，我们更需要问，再过一百年，这个古村做出了什么。古村是一个平台，是旅游产业平台，也是嫁接古、现代与未来的文化平台。当前正值国家大力推动乡村振兴战略的时代，我们要顺势而为、应时而发。积极贯彻党的十九大精神，积极贯彻乡村振兴战略，立足中田村，努力创造农业兴、农村美、农民富的新气象。在积极保护古村的建筑人文的同时，努力奋进生态旅游文化的挖掘与导向。中田村的房屋建筑、依山面水是其固有遗产，而历经数百年的风雨，依然存在，应该有其内核。这内核就是绵延不断的村居文化。因此，我们在发起生态文明、碧水蓝天的伟大攻坚战的时候，也不能忽略中田村古村落的生态旅游文化的攻坚。

（一）统一认识，协同共进

1. 着眼于长远，构筑思想认同

中田村的保护是综合性的，其开发建设是综合性的，涉及的相关面也是综合性的。从当地县、乡、村、组，到行业专家、社会热心人士，再到乡镇村办企业以至住户，都有关联。为此，须统一认识。依据常宁市城市总体规划（2017 年修改），中田村所在的庙前镇主要打造旅游与生态农业产业区，围绕这一中心规划，从市政府职能部门、到乡再到村组的各级部门、组织都要从思想上高度认识自己的职责，明确自己的责、权、利，在中田村的保护与修复上，加大舆论宣传，让保护与发展中田村的意识深入人心。

必须高度认识中田村保护的重要价值，保护是可持续发展的前提，没有有效的协同保护就不可能有中田村资源的永续利用和可持续发展。中田村的保护不是简单的建筑和文物的静态保护，而是包含原住民生活的相对活化的协同保护。古村的活化不应局限于旅游和

商业的目的。中田村文化资源的多方位永续利用是古村可持续发展的重要前提和保障。中田村协同保护的核心是保护乡土文化的原真性及其文化景观基因。保护中田村的原真性就是要保护有代表性的物质和非物质文化遗产，特别是聚落的整体格局、街巷风貌、民居风格、特殊民俗及原生环境等。保护中田村的景观基因就是要保护和挖掘该村所独有的历史文脉和乡土记忆。保护乡土文化的原真性及其文化景观基因就是为了确保其地域文化传承的独特性和地方感。只有加强中田村保护与开发的统一认识，从思想上取得认可，才会在具体行动上获得参与，才会在十九大精神的指引下共同推进中田村的建设。

2. 加强法规建设，培养村民前瞻意识

发展中田村，须规避无序开发，加强对村民的教育宣传。古屋的旅游价值就在于其历史文化蕴含，此种理念与行动必将为中田村的保护与发展导向和谐美丽的前景。

首先，中田村要想永续发展，就必须从法律法规的角度慎重考虑。从长远来看，必须依靠立法，我国目前出台的《历史文化名城名镇名村保护条例》和《中华人民共和国城乡规划法》，有助于中田村的法律意识推进，但还要进一步完善相关细节。针对中田村的自然景观、水塘现状、古屋环境及时制定相关制度，及时颁布与实施。加强对中田村发展有利的相关法律法规的宣传，做到有法可依。

其次，当地政府部门应建立对该村落开展旅游的审批机制，有序开发。有关部门应制定专门针对旅游的管理规定与监督制度，强化日常监管，并对村民进行古村落的重要价值、内容与方法的宣传和教育，启发村民的文化自觉。

（二）立意古村人居环境，建设美丽中田古村

中田村发展的目标是将该村的历史沿袭和当前现实风貌交相辉映、自然景观与建筑格局相互协调、古代人文与现代文明交织的人居环境。这种环境应该是宜居、宜旅、宜商的。既有外来文明亦有乡风乡情。必须在古屋的石柱、房梁的雕花、窗棂的点缀、洗脸架的花鸟虫鱼、天井的布局朝向等蕴含的历史、人文方面的采掘与研讨以至开发。通过标识、铭刻、张挂一一进行人性化设计。让游客在浏览时，有所了解并认识其历史文化价值。通过人文标志，理出其文化符号，探索生态旅游文化的产品。

为此，讲求科学发展观，要科学规划中田村，打造生态旅游文化村。首先，尽早规划，立足长远。立足于全国古村落生态旅游文化层面，着眼生态旅游文化的历史性、未来性，着眼于服务“三农”的国家战略层面。其次，打破固有机制，面向社会招聘热爱古村的专业人才，将之安排在市县政府、乡镇机构、村级相应部门。招聘的人才，不仅要具备旅游文化修复与发展的专业知识，还要具备甘于奉献、乐于助“古村”生态旅游文化发展的优良品质。诚然，能够调动中田原住民的积极性，培养中田原住民自觉组织起来保护中田村、发展中田村是最为合适不过的。再次，政府牵头，联系省级、国家级旅游文化部门，甚至各级旅行社，将中田村纳入到相应旅游文化线路或平台，进行推广。最后，村级单位建立村级旅游网站，将中田村，尤其是建筑布局、人文历史等作为重点内容进行推介。

1. 中田村显性文化旅游开发

如果依据生态、农耕文化的自然基础、文化内涵、意识形态等原则，将中田村旅游文

化的开发可分为两层：显性文化旅游开发、隐性文化旅游开发。显性文化是通过外在物品表现出来的文化，即他是有形的，具有物态形体的文化事物，是物质文化，即包括了中田村现有的建筑、景观，村民的语言、饮食，节庆的表现等。

坚持以古屋聚落带旅、以旅兴古屋，文化、旅游、古屋、农业互动融合发展的思路，大力推进产业结构调整，增加村民收入，在乡村振兴的道路上力求探索一条促农增收致富路。中田可按照“古村面貌景观化、农事生活旅游化、乡风民俗产品化、农副产品商品化”的思路，依托良好的月光塘自然生态、田园风光、民居村落、民俗文化、中田饮食等优势资源，着力打造生态观光、休闲度假、康体养生等多种类型的中田村旅游产品，实现古屋农旅产业融合，重点创建中田村落旅游区，构建农旅融合旅游圈，力创独具魅力的农旅文融合产业发展的文化旅游名片。

2. 中田村隐性文化旅游开发

隐性文化主要是指中田村中的制度文化和因此形成的行为文化以及存于村民的精神文化，制度文化是指村民在交往、实践过程中为解决和调整矛盾而建立的规范准则，是人创造的符合人与社会生存和人与人交往的准则，包括家族制度、教育制度、宗教社团等。行为文化是人在社会实践中尤其是人际交往中约定俗成的习惯，以民风民俗的形式出现，具有鲜明的民族性和地域性。制度文化在向旅游文化转化的过程中相对较复杂，但旅游者在旅游中田村过程中所遵从的规则即是一种制度文化的旅游开发，行为文化在旅游中多以中田村文化风俗、中田村制作表演、中田村文体活动等服务方式来体现。隐性文化的旅游开发能使游客基本感受中田村生活，领会千百年来的古文化沉淀，同时在开发中达到对这些文化的传承与保护。

村民的精神文化，是几千年历史发展下中田村民所形成的意识形态，包括思想观念、道德意识和价值取向等，是一种观念性文化。此类文化开发主要是指对中田村民文化观念的影响，但是这类文化较少且较难直接开发成为旅游精神文化，但是其可以通过显性文化的开发来引导，文化是一个有机整体，显性与隐性文化相互影响相互制约，显性文化的开发必定会在一定程度上影响隐性文化从而导致其转变。

在对两层旅游文化的开发中，显性文化是开发性文化，隐性文化是背景文化。开发性文化虽然具有独特的地域特色、文化价值和文化意蕴，但是其在空间的分布上零碎、分散，在文化要素的组合上特征不明显，在体验形式上单一，所以在旅游开发中，通过对开发性文化的空间整合、要素重组和体验创新使其成为中田村生态旅游资源的核心要素，形成能给中田村游客以直观感受的中田村生态旅游文化产品。

3. 构建生态文旅产业

构建中田村生态旅游文化产业为核心的产业体系。具体如下：

首先，以李家湾的生态建筑、人文历史等显性、隐性文化要素为核心打造中田村坚实的生态旅游文化，并以此构筑吃住行游购娱生态旅游文化产业要素，植入旅游消费系统，由此，打造生态旅游文化特色古村核心吸引力，从而聚集人气。

其次，以李家湾建筑生态、文化生态延伸与辅助行业圈层：即旅游+产业，提升农旅、生态旅游文化、商旅、工旅等产业融合，发展中田农业产业、中田文化产业、中田创意工艺业，实现一、二、三产产业融合发展，这之中的“+产业”，要选择中田村地缘优势产业，即已经有一定的产业基础和产业从业者或者引入投资者自身的产业优势协同发展。

再次，建设支持李家湾发展的产业集群：构建旅游带动下的产业集群发展模式，实现以李家湾旅游为核心引擎的中田经济发展。产业群构建完毕之后，要从生态旅游文化功能+“城镇”功能两手都要抓的角度构建生态旅游文化特色古村的功能模型，这个圈层是外来游客、古村从业人员和居民能够直观体验到的功能。

最后，打造李家湾产品升级层：一个龙头项目+一个地缘优势产业。龙头项目即李家湾做到极致的差异化独特性旅游产品；地缘优势产业是李家湾除了旅游业之外要全力发展的又一个特色产业。产品升级群至少由三个升级性的旅游产品构成，就像三亚海棠区海棠潮音村的标识是“人居+康养+温泉+海景”。

中田村的发展要基于当地的资源特色形成吃有绿色、玩有喜色、行有个色、说有亮色、享有本色、买有特色、学有真色、住有暖色、回味无穷的一站式产品体系，这是目的地型旅游古村景区都应具备的产品特色。

4. 强化运营全过程导入

投前关注运营提升空间，针对性制定李家湾运营实施计划，并且要在策划规划阶段就从运营的角度考虑方案的可操作性，不要形成墙上挂画的规划方案。在李家湾项目前期筹备阶段，要以平台战略和平台思维来推进各项工作。

要搭建衡阳古村生态旅游文化核心运营平台，整合各领域产业资源、ip 资源，诸如：中田村度假酒店、中田医疗机构、中田教育机构、中田智力服务机构、中田文化艺术、中田剧场演艺、中田亲子乐园等运营主体。投后还要有针对性地注入运营管理能力，以保障项目形成持续的盈利能力。

特色中田的建设，是投资环节拉动中田村整体经济向好发展不可忽略的重要引擎。一片欢乐颂之后更需冷静思考。

特色中田的复杂性对投资企业自身的组织能力和产业资源整合能力提出了更高要求。这种能力不是一蹴而就的；与特色中田同样火热的全域旅游和 PPP 也会与之相伴相生，全域旅游的科学谋划，PPP 方式融资渠道的合法合规，以及以往一味追求土地溢价获利的功利心都需要去浮躁化。中田村生态旅游文化要做特旅游、做实内容、做强产业。投身生态旅游文化特色中田项目还要实现三个转变：从“重开发”到“重运营”，从“重物”到“重人”，从“重硬件”到“重体验”。中田生态旅游文化特色古村不仅是眼前目标，也是一个长远的方向，更是一个持续的过程。

二、沙井村生态旅游文化展望

古村落生态旅游应以文化为核心，历史村落承载的多样的村落文化内涵才是真正吸引旅游者注意力的关键。

（一）历史村落保护与文化旅游发展的关系

创建历史文化名村与发展民俗生态旅游是相得益彰、相互促进的。一方面，创建历史文化名村带动了民俗生态旅游的发展；另一方面，在进行民俗生态旅游开发的同时，也激活民间古文化，使得许多被遗忘的、消失了的古习俗在旅游开发的过程中得以再生，许多历史文化产品得到创新和发展，从而使历史文化得到更好的传承和保持，这对创建历史文化名村有着重要的意义。毋庸置疑，文化旅游开发已经成为我国历史村落保护与发展不可忽略的重要背景。

促进人们认知、理解一个历史村落最快捷、最有效的方法就是文化旅游。并且适度的旅游发展不仅能够促进历史村落的文化保护，也能改善村落的社会经济，为历史村落文化的传播做出积极作用。此外，村民也从旅游发展中认识到本地村落的文化价值，重构文化认同感，懂得积极主动地保护、传承村落核心文化价值。特别是这种方式能够普及保护意识，加强当地村民的文化自信，这一点是历史村落历史文化能否传承至关重要的因素。

1. 促进文化遗存保护利用

我国自古就是农业大国，创造了灿烂的农耕文明并且形成了数量庞大的历史村落。这些历史村落内的文化遗存是我国璀璨的古文化的载体，然而这些历史村落的保护与整治都需要大量的保护资金。但就我国国情而言，国家及地方财政不可能完全承担这部分如此庞大的费用。而且目前来看，这些少量的保护资金也仅仅只提供给被评为历史文化名村或古村落的历史村落。因此，文化旅游的出现，为保护历史村落的文化遗产提供了一种合理有效的路径。

在保护其核心建筑、恢复人文自然环境、制定保护规划等保护措施基础上，推行景区开发文化旅游，能够以旅游的方式来反哺村落文化遗存的保护。这也就是我们常说的“自养”，最后可以形成一种良性循环的模式。

2. 促进地域文化交流传播

文化旅游的过程就是历史村落古文化传播的过程，旅游者通过对历史村落的游览，感受其历史文化带来的魅力并以文化携带者的身份将村落文化传扬出去受益于古村落的保护意识觉醒与乡村旅游的日益红火，一些在几年前还“养在深闺人不识”的历史村落已渐渐进入人们视线，如中田村、沙井村等新兴文化旅游目的地已家喻户晓。

3. 促进社会经济发展

旅游可以为历史村落创造经济利益，并通过创造资金、形成本土产业、影响政策来实现以保护为目的的村落管理。它是许多国家和地区经济增长的主要部分，如果成功管理，可以成为历史村落发展中的重要经济支撑。

（二）古村落生态旅游开发中的文化处理

1. 古村落生态旅游开发的古文化把握

从旅游市场发展的规律来看，文化供给和文化需求之间一直存在着一个“时间差”，这个“时间差”是由旅游目的地文化的确认、营造和完善过程与旅游者对旅游目的地文化环境的认知、认可和适应过程间的“时间差”因素造成的。策划适时、有力度的乡村景观资源及产品的宣传营销，提高人们对这一文化及其情景的适应能力，有利于缩短这个“时间差”，对促进古村落景观资源开发效益的实现有直接的影响。文化的感觉不仅体现在大面上，更重要的是体现在细节上，在开发古村落旅游景观资源中的古文化时，应把握以下三个关键方面。

（1）乡村环境的异地或异质文化风貌体现

异地或异质文化是乡村旅游目的地文化特色的根本，需要在各个方面研究历史化、民族化、乡十化、个性化等问题。面向世界旅游市场的乡村旅游，要展示东方文化特色或中国文化特色。面向国内旅游市场的乡村旅游，要凸现区域乡村文化特色和乡村民俗文化特色，挖掘地方性、产品性的乡村“自我”特色。

（2）乡村旅游的同质文化环境营运与管理

大众旅游时代的旅游需要规范化的运作，需要用“国际性”的表达语汇，提高乡村旅游目的地的文化环境和文化景观的“可进入性”，这就要求国际性、现代化、标准化的文化旅游服务管理，如服务观念、服务技能、服务效率和服务态度的现代化和国际化。

（3）把握异质文化与同质文化的有机结合

把握乡村旅游目的地异质文化与同质文化的有机结合，寻找两种文化的转换与合理连接，融古与现代、民族与人类、地方与国际、个性与标准等文化要素于一体。这就要求一部分相应的文化旅游服务设施要达到异质外观、同质内涵，民族化的形式、现代化的内容。

2. 古村落生态旅游开发中的古文化维持

原生态的乡村景观资源，具有无可比拟的文化价值和永恒的心理吸引力，为可持续发展乡村旅游提供了硬件保障，因此，在古村落生态旅游的开发中，对乡村历史文化古迹和原生态乡村环境的修复，必须按照“整旧如旧”和“整旧如初”的思路进行，无论如何要突出维持乡村文化的“原生态”特色。

（1）古乡村景观要“整旧如旧”

对于现代的文化人来说，有着悠久历史的古村镇及其乡村古文化，蕴涵着说不尽道不完的美，其吸引力是非常之大的。而这些古村镇和古文化在广大乡村四处分布，数量巨大而分散，在当代要成为古文明的“活化石”难度极大。因为，要使“今天活人的生活凝固在昨天的生态环境中”几乎是不可能的。“失去发展的古必然消亡”，当代人理所当然要尊重古但也需着眼于未来的创造。为体现古村镇和乡村古文化的苍老古奥的模样，对于古建筑这样的古文化必须严格按照当年的原貌尽量不走样地重建，做到“整旧如旧”。

我国古民层建筑材料有着先天不足。国外近代以前的建筑大多是石结构，而我国同期的建筑几乎都是砖木或土木结构。与西方国家相比，采用钢筋混凝土作为建筑材料的时间开始得晚，所以现在称得上的古建筑大多还是砖木结构或土木结构。这类建筑容易被天灾人祸所破坏，火灾、风灾、洪灾、虫灾都会给它们造成致命的损失，甚至完全毁灭。

古民居本身在结构功能上也存在缺陷。我国的古建筑一般都过于重视外观、等级、礼仪功能，忽视内容、生活功能私密性，对便利生活的功能拓展不重视，难以适应当代人的居住要求。还有个问题不在古民居本身，却也增加了保护难度，那就是由于我国近代的人口增加过快，人口密度高，所以大多数古建筑至今还居住着大量居民。在理论上谁都承认应该保护古建筑，但一到实际操作就陷入两难甚至多难。

针对我国古建筑“多是砖木结构，时间一久，就要朽烂，就会倒坍，保不住”的观点。有专家持不同意见，认为欧洲许多历史古城利中国一样也是砖木结构房屋，只是外表样式不同，但是他们经常维修，注意保护，所以才保存得很好，给人们留下深刻的印象。中国的古民层造成今天这么破烂，最主要原因，是多年来从不修缮。其实，古民居破损了，只要常修是能保护原来风貌的。

保护古民居，不仅是为了世人，更重要的是留存这些珍贵的文化遗产。古迹遗址国际理事会官员赫布·斯托弗尔从“我们没有权利改变历史”的角度，强调保护作为世界文化遗产的古建筑的重要性。我国古村镇及其古文化的旅游开发，保护文化财产要有可永续思维，怕的是短线操作、急功近利，所以，对具有典型古乡村文化特征的古建筑必须“整旧如旧”，保持其固有的外在形象，增强房屋结构的安全性和居住的舒适性。

（2）古乡村环境要“整旧如初”

古乡村文化之所以能够保留至今，一个重要原因是交通闭塞，地处偏僻，与世隔绝：另一个重要原因是经济落后。交通闭塞和经济落后，造成一个封闭的环境。需要注意的是，乡村旅游促进了当地经济发展，同时，也加速了本土文化的社会变迁进程，改变了本地原有的文化利生态环境。

许多古村落在旅游开发前民风还比较淳朴，盛行的是诸如“来者是客”的古风尚。村里谁家杀猪，全村人都可以来吃，谁家酿了酒，全村老少都可以来喝。这种旅游体验，就是民俗文化旅游的产品。但是，由于商品经济的影响，这类风俗民情如今已不复存在，这当然是体现了时代在进步，但对乡村民俗风情游却是一个损失。

现在，越来越多的民俗在悄然离去。信息社会的商品文化无孔不入，加之旅游带来外来的文化冲击，古乡村文化资源很易遭到破坏，一旦破坏，便无法再生。目前，国家虽然将一些村寨、古建筑划为文物保护单位，这只能对物质景观的乡村古文化进行保护，而大量的古乡村文化现象及其生存环境都面临严峻的形势。要维持古乡村文化存在和发展的环境基础，就要像建立自然保护区一样建立古乡村文化生态保护区，对乡村景观环境“整旧如初”，局部恢复以“整旧如旧”的古村镇和乡村古文化为主体的乡村文化环境。

（三）古村落生态旅游文化的发展思路

古村落日益兴旺的旅游业发展，实际上就是其文化进行分化整合之后进一步显示其魅力的表现。我国古村落的旅游开发相对较晚，除少数几个古村落外，一般都是在 20 世纪九十年代以后顺应我国旅游业的迅速发展起来的。古村落集村民的生产与生活于一体，历史地、真实地记录和表达了其长期的发展过程，在生活节奏趋于紧张的现代社会，它们因反映宁静、朴实的田园生活，默默地表达着农业社会的乡情语言而备受青睐，成为了一种独特的旅游资源。许多旅游地把古村落作为优先发展的旅游项目，加大其旅游开发力度，旅游经济效益在一些古村落已初见成效，村民通过古村落的旅游开发获得了收益，这促进了当地经济发展。同时，当地村民仍在已对外开放的民居中照常生活，保持着当地的民俗风情，充满了生活气息，成为游客眼中一道独特的风景线。

大部分古村落的文化发展方向是在旧文化基础上的丰富与完善，这些古村落将旧文化发扬光大，形成独具地方特色的深厚文化底蕴。现阶段古村落文化的发展思路表现在：

1. 积极引导旧文化，发展其精华的、有生命力的方面

古村落的旧文化当中包含着我国民族文化的精华部分，这部分文化是我们民族值得骄傲和自豪的地方，因此，我们要积极引导这部分文化的发展，将其发扬光大，使其具有强大的生命力。同时，古村落的旧文化当中也会难免包含着封建的糟粕东西，对这些封建的糟粕东西我们要坚决地加以抵制，将其抛弃。

2. 注重古村落特色文化的保护与扶植工作

古村落特色文化的保护是为了促进其特色文化的整合过程，使聚落已形成的文化各要素之间相互维护以抵抗宏观文化、外来文化的要素，达到保护的效果；而古村落文化的扶植则是为了促进其特色文化的分化过程，使聚落已形成的文化和宏观文化、外来文化各要素之间进行调整。特色文化是古村落文化的生命力所在，只有把具有特色的制度文化、环境文化和艺术文化进行保护与扶植，才能引导古村落文化可持续发展。像湖南张谷英村和广东侨乡地区聚落的环境文化以及艺术文化都极具特色，在古村落特色文化的保护和扶植工作中，政府部门要始终充当管理者的角色，对其进行管理。

3. 加强古村落之间的文化交流

古村落之间应当加强文化的交流，在交流中，古村落之间可以相互学习和借鉴对方有特色的、经典的文化，以促进其自身文化的长足发展。与此同时，古村落之间的文化交流过程也是其文化的扩散过程，扩大其文化的影响力和影响范围，使其文化走出古村落，走向更大的文化舞台。各地古村落的政府可主持这些相关文化的交流活动，如：组建古村落文化联谊会，每年在不同的古村落中举行，邀请其他古村落的代表以及古村落研究专家参加，活动内容包括：提出古村落文化发展的方针、政策等。

三、宝盖村生态旅游文化展望

（一）立足可持续发展理念，保护性开发

1. 政策指导

古村落是历史文明的见证者，是数千年耕读文化的精神载体。然而当工业化、城镇化、市场化、全球化扑面而来的时候，以农耕文明为背景产生的中国古村落文化的命运正在迅速的发生变化。城市迅速扩张和工业的迅猛发展，许多村落“人去村空”，这些“空心”村落难以延续文化的脉络。此外，古生活方式的变化让古村落少了原汁原味，丧失了独特内涵。城市发展中的拆与建、古与现代的交锋，更让古村落陷入岌岌可危的境地。

中南大学中国村落文化智库、光明日报智库研究与发布中心等研究机构近日发布的《中国古村落蓝皮书》显示，古村落保护目前仍面临一些困境，包括现有法律法规对古村落保护不足、过度商业开发、“空心村”现象、千篇一律建设以及居住改善与古保护存在矛盾等五大挑战。随着一些古村落的消失，依附于古村落中的大量非物质文化遗产也濒临灭绝。

当前，在国家实施乡村振兴战略的大背景下，深入挖掘古村落生态旅游文化资源，提出保护与开发的对策，必将有助于推动乡村旅游经济与社会的全面发展。

2. 科学规划，保护性开发

合理协调规划、开发与保护古村落就要求在开发的过程中，要遵循历史遗存的真实性、构成要素的关联性以及建筑风貌的识别性。真实性体现在原有的空间结构、街巷肌理、建筑环境、历史风貌以及相互依存的自然人文景观和环境，诸如道路铺装、农作场院、粮仓、古井、山泉、水塘、溪涧、磨房、碾盘、牲口棚、道路等原有的生活、生产设施和其他公用设施。因此保护古村落需要做到对不同元素的考量，而非单一方面地制定策略。同时古村落的构成有多种复杂要素，包括现存的村落格局、河道水系、居民聚落、建筑、古起居形态、自然景观、历史风貌等。构成要素之间具有很强的关联性，不应孤立地只重点保护零星文物、大户宅院和古桥、古井、古树，而应该系统分析，针对不同保护对象，采取相应的保护思路、途径和方法，尤其要对古格局、历史风貌和空间尺度实施整体保护。在不同地域、不同历史时期形成的古村落，由于所在地的水文地质、气候条件、建筑材料、建造工艺以及古文化、地域文化、民族文化和宗教信仰等方面存在着很大差异，所以空间结构和空间形态各有特色，这种特色表现为风貌特征的识别性。

为了保证建筑群体整体风格的和谐，实现宝盖村的自然景观、生态景观和人文景观的有机协调和统一，应该完整保护古村有特色的建筑，避免部分农民为改善居住条件，随意翻建和修缮古院；加强对古建筑的保护和定期修缮，坚持“修旧如旧”的原则，尊重历史真实性，对民居、戏台、宗庙等各类古建筑进行小规模整修；对损毁严重的民居可以在保持原貌的基础上适当修复，以满足现代化村落民居居住生活与旅游活动的需求。

进行深度开发时，一方面，要借助影视、图片、资料等工具，积极做好宣传工作，增加景区知名度，充分挖掘古村落文化的内涵；另一方面，对于极具经济价值的古文物、古建筑，开发过程中应采取先进的技术手段进行保护。与此同时，不断挖掘其美学、科学和历史文化价值，在确保与古村落整体环境相一致的条件下，合理建设各种娱乐设施和体验项目。对于进行特殊保护的建筑，仅供参观，不可进行商业开发，绝对确保建筑的原真性。

从相关政府的角度而言，应当在保护当地文化完整性和文化原真性的前提下，对宝盖村的旅游进行引导和调控，制定相应法规规范旅游市场，避免在开发过程中，“千村一面”或“生编硬造”，建农家乐、民宿、编造伪民间故事的套路式开发。从旅游景区管理机构的角度而言，应该以当地文化特色为主题，形成具有地方特色的产业链，满足游客多样化需求；从旅游经营者的角度而言，在景区经营店铺或者农家乐，既要保证自身利益，也要与景区整体环境相一致、相和谐，避免人为的将古村落改造成徒有其表的商品卖场。在可持续发展理念的前提下，从不同的角度对古村落的开发与保护进行规范，保证文化的延续性，加快宝盖古村落旅游业的发展。

3. 加快完善基础设施和公共服务设施

旅游服务的最终目的是通过使旅游者的需求得到最大满足，从而获得良好的经济效益和社会效益。我们的城市建设和环境塑造必须从旅游者的需求出发，以游客为中心，着力于构筑城市建设、交通和旅游三位一体，“吃、住、行、游、购、娱”全面发展综合配套的格局，为旅游者提供方便、舒适、满意的旅游环境。

抓住城乡一体化建设与乡村振兴战略实施的机遇，进行全镇的统一规划设计，将特色旅游文化融入文创旅游小镇建设之中，加强对乡村道路的维修，升级乡村公路的等级；加强对凌乱院落的治理，更换排污设施，统一整治场镇风貌，完善旅游设施，建设三星级以上的宾馆和酒店。

（二）深度整合和开发乡村旅游文化资源

进一步加强对文化资源的保护，在保护的基础上科学、合理地开发和利用资源。

1. 深入整理挖掘历史文化资源

首先，应加强对宝盖村的历史文化资源进行深入整理和挖掘。宝盖的文化资源、旅游资源可发掘可升值的潜力很大，比如花鼓戏、唢呐、鱼鼓、古建筑群、银杏等等，都具有独特的代表性。这些优势可以进一步激励旅游的开发升值，建立富有特色的景观文化，形成文化与经济的互动，文化与旅游的互动。

我们要保护和开发古村落，就要补缺拾遗，将历史文化中有价值的东西挖掘出来。古村落的可持续发展，同样也需要有历史博大精深的古迹、文物、名胜、传说、故事、人物、典籍来支撑。宝盖自然条件和人文景观俱佳，因地杰而名人辈出。新中国成立前，一方名贤有廖华渠，倾力救国救民，时有“耒河第一才子”和“神医”之称。抗日义士有廖茂铿，抗日初期任宝盖楼抗日义勇军队长，训练乡勇，开展抗日活动。著名绅士有廖环山、廖禹民、廖文彬等，其中廖环山在民国时考取了武状元。为了推翻三座大山，建立新中国，大屋场廖绍鑫、安里屋廖自熊、牌楼屋廖自富、廖仁昌等仁人志士，先后参加中国共产党的地下组织，开展革命活动。牌楼屋的廖仕林毅然脱离国民党部队，投入解放大军，参加了淮海战役、渡江战役、解放海南岛战役和抗美援朝上甘岭战役。宝盖亦是著名红色女特工廖苓顽，革命烈士邹代富的家乡。而这些历史资源，由于种种原因，均未能很好地收集和整理成可查可用的案几文史资料。缺乏文化的强大支撑，人们的保护意识跟不上，自然而然，古村落保护也就显得异常艰辛了。

2. 整合文化资源，构建生态文旅产业

宝盖生态旅游蓬勃发展，如果整合镇内积淀深厚的文化资源，形成文化产业，构建文化服务体系，在旅游业的带动下，必能充分发掘古民居文化价值，同时也能产生较大的经济效益及深远的社会影响。对宝盖的古迹、文物、名胜、传说、故事、人物进行全面的收集和整理，尝试修建“宝盖历史文化展示馆”，使这些历史信息通过网络可看、可查、可观。厅内设系列展示厅，如历史文化展示厅，如“世承天泽”匾额的由来，地方图文资料及宝盖名人名流名事展示厅等，重现具有代表性的历史画面；其中古民居文化展示厅着重介绍宝盖古民居建筑的历史沿革、艺术风格，并集中展示收藏来的散存于民间的文化实体物件，制作古楼模型予以展示和出售；风俗风貌展示厅可介绍当地婚丧嫁娶、节日庆典风俗习惯，包括对非物质文化的介绍。

3. 加强宣传力度，提升影响力

在调研中，明显感觉到关于保护古村落古建筑的法律条文的缺失，这是导致古村落消失的重要原因之一。保护要分级进行，通过由上到下加强保护古村落的宣传力度，由行为意识上升到法律层面，在村内部形成“村规民约”，提高村民对古村落的保护意识，极力纠正“古村无价值”的错误意识，让村民学法、懂法、守法，保护好祖先留下的遗产。同时，保护也要以制度形式划分责任等级，明确国家、地区、本地各方的责任范围，防止责任空缺的出现，形成严格的具有层次的保护机制。

加强政府主导，对乡村旅游进行统筹安排、科学规划，既可减少乡村旅游的投资失误，避免无序开发和重复建设，又可实现各乡村之间的优势互补，促进乡村旅游健康持续发展。高水平开发、精品化建设离不开高水平的旅游规划。建议县财政安排专项资金，用于旅游重点乡村规划编制，为各乡村量身打造规划方案，串点成线、穿线成片，做到彰显特色、错位竞争、差异发展。整合提升现有农业生态旅游和乡村体验旅游资源。

在促销上，应利用文化节、旅博会、交易会、节会等各种方式进行推介；在新闻媒体上，不忘在报刊媒体上做文章，还要利用互联网的快速通道，加大乡村旅游宣传促销力度，整体推介乡村旅游产品，通过宣传推介，提升示范点乡村旅游品牌的知名度和影响力；在线路开辟上，要有开放意识，充分发挥旅行社的职能作用，合理将周边景区、景点同外地的知名景区联结起来，达到优势互补、互惠互赢的目的；在形象标志上，应征集确定宝盖旅游形象标志，并在主要景区和县城游客集聚地凸显出来，给游客留下深刻印象；在活动安排上，要多策划组织在宝盖村开展富有创意的节庆活动，扩大对外知名度和美誉度。

四、草市村生态旅游文化展望

古村落作为历史文化遗产的重要组成部分之一，反映了不同时期、不同地区和不同经济社会发展阶段演变的历史过程，准确记录了当地的古文化，是中华民族文化的重要源头与根基。

（一）政府主导，群众参与

相当长的一段时期内，古村落由于其自身交通不便、生产力水平低下等客观条件的制约，致使大量人口外流、房屋破旧，数量众多的古建筑被推到倒新建，古村落自然衰败及人为破坏较为严重。因此，政府要高度重视古村落的保护和开发利用工作。

1. 成立古村落保护领导小组

把古村落的保护纳入全县村镇规划范围，划定保护红线，使村镇建设不越保护红线一步。

2. 建立相关规定，使保护有章可循

在广泛征求群众意见的基础上，在古村落保护点建立相应的村规民约，规范群众行为，让大家共同参与到保护中来。

（二）规划长远，保护与开发并重

为做好古村落的保护工作，积极着手古村落的调查，摸清底数，并聘请专业的设计团队对古村落的保护进行规划设计。

1. 立足未来的发展方向进行规划

聘请专家对古村落进行规划编制。

2. 广泛宣传发动

在完成规划之后，组织召开群众座谈会，请专家给当地群众讲解规划的具体内容，让广大群众充分了解自己村子的规划布局，使其知道自己该做什么和不该做什么，鼓励村民按照规划自行维修。且组织群众到外地实地参观考察，切身体会古村落保护所带来的红利，使他们能主动地自觉地参与到保护中来，提高群众的保护意识。

3. 强化执行力

坚持“规划一张图、建设一盘棋”的原则，聘请村民小组的组长为规划落实监督员，对村民不按照规划进行维修或者翻修的行为进行及时劝阻，如不能劝阻的，上报乡镇，由乡镇的执法队伍处理。

对草市古镇的旅游开发，一是要增强地方政府和当地居民的保护意识。为此，必须加强宣传力度，以形成保护共识，共同参与保护与开发；二是要摸清资源家底。即要组织各方面的高水平专家进行综合调查，对各级文物景点、历史遗存、古镇风貌格局，乃至民俗民风、神话传说等都要做到一切心中有数，并在此基础上设定保护项目，划定保护范围和相应针对性保护法规；三是要聘请资深规划专家制定科学合理的发展保护规划，做到有序开发；四是要有品牌意识，草市本身就是一个原生态型的山乡山水型文化古镇，山水风光如画、文化底蕴深厚。为了使其特色更加突出，打造旅游新亮点，建议恢复重建诸如灵山神行宫、中州书院、巡检司营房和演武坪等建筑景观；开辟草市古镇至白茅洲古渡旅游线和草市古镇至望日岩的永乐江马蓬船旅游线路，以及草市古镇至江东水库的马车或骑马旅游线路等；要提高市场营销策划水平，做大做强“赶分社”“祭灵山老爷”“五月龙舟竞赛”等古节会；大型的商贸市场、停车场、宾馆等现代设施，不仅要建在古镇外，而且要体现绿色环保，与古镇风貌协调和谐。

（三）挖掘内涵，彰显文化主题

在古村落的保护工作中，要充分挖掘古村落的文化内涵，彰显其特色，赋予其新的生命力和发展前景。

1. 充分挖掘民族文化内涵

在具有独特民族文化的古村落，坚持深挖民族文化底蕴，赋予民族特色。

2. 充分发挥生态文化内涵

古村落的保护不仅单单是针对村落本身，还包括村落周边的生态文化。在古村落的保护中，要把其周边的奇特自然景观一并考虑在内，一起规划，一起保护，使古村落的保护更具生命力。

3. 充分保护古村落的人文魅力

古村落的保护是想让人们了解人类的发展进程，保护那些富有特色的古建筑，但其前提是要古村落能有持续的生命力，保持其人文魅力，因此在保护古村落时，将改善其基础设施作为一项重要内容来抓，加快完善古村落的水、电、路等基础设施，改变古村落的居住条件，使古村落的居民留得住，保持古村落的持续生命力，维持其持续的人文魅力。

(四) 与新农村建设相结合，壮大特色农业经济

1. 与时俱进，发展特色农业经济

草市古镇是借助邻近地区农业经济发展而兴起的典型农业物资集散中心，其集散的物资主要有粮食、茶叶、中草药材、竹木制品、棉麻及其制品，柑桔、猪、牛、羊、兔、鸡、鸭、禽蛋、菜蔬等各类干货鲜货农副产品，以及镇上店铺里的犁、耙、锄头、镰刀等农耕生产用具。因为贴近生活和涉及民生，这里的集市贸易长盛不衰，只是因时代的不同集市贸易的内容和规模有所不同而已。在现代市场经济时代，一定要与时俱进，应结合社会主义新农村建设，发展特色农业经济，促进集市特色商品经济的发展。草市柑桔栽培已有 1000 多年历史，具有色泽鲜艳、皮薄汁多、果肉脆嫩、酸甜可口的特点。尤其是其白茅洲广柑，曾为皇家贡品，建国后曾出口原苏联和东欧诸国，用于国宴，受到周恩来总理和外宾的好评。至今已形成了广柚、甜橙、脐橙、枇杷橙、血橙、大红胞等 10 多个品种，全镇最高年产可达 5000t。但价位不高，增产不增长，优势不明显。主要是没有形成特色品牌，又缺少深加工、精加工产品。为此，必须加大科技投入，遴选培育特色柑桔品牌，实行“农工贸”“产供销”一条龙，并加大宣传促销力度，扩大市场占有率。

2. 依托草市古镇发展以特色农业景观为中心的旅游节庆活动

草市古镇的中草药材交易素以品种类型多、数量大而著称，有湘南“药都”之誉。目前国际国内市场的中药材需求量大，价位又高，应抓住机遇大力发展中草药材生产，振兴草市药材商品贸易市场。洣水古称“荼水”，而古代的茶称“荼”，洣水流域有全国唯一、衡东独产的藤茶。其藤茶具有抗癌减肥、提神醒脑等功效，市场潜力很大，应扩大生产规模，形成品牌。依托草市古镇可发展以特色农业景观为中心的桔园观光、茶园观光、药材园观光及其“旅游搭台、经贸唱戏的“柑桔文化节”“特种茶文化节”，乃至以“草市山水文化生态旅游节”“炎帝神农文化节”等旅游节庆活动，以促进草市农村经济与草市古镇经济的共同发展。

(五) 以草市古村落为核心，带动周边区域旅游经济发展

衡阳东南部低山丘陵区洣水流域，以草市古镇为核心，有杨林古镇、江东水库、荣桓河坝、望日岩河坝，以及高塘乡狮子岩、顶头岩等丹霞洞穴风光等景点。杨林古镇仅 200 多年历史，其古建筑都是清代和民国时期的产物，古建风貌保留完整。因洣水洪泛频繁，镇上的居民都搬到了地势较高，离此仅 200m 左右的杨林新街，致使古镇老街只剩下少数老人，显得十分冷寂。但各个时期的古建筑却保存完好，已被衡东县人民政府定为“不可移动的文物”，成了古镇观光项目的理想之地。江东水库离草市古镇仅 7km，是一座以灌溉为主，兼养鱼发电等综合功能的小二型水库，坝高 44.7m，气势雄伟壮观，水质青碧无

污染，周围茂林修竹繁衍，环境清新幽静，尤其地处库尾的茶旺村、贺塘口村都是著名的竹木之乡，也是典型的山乡田园风光，特别每当夏季，气候凉爽如秋，正是避暑休闲度假的理想之地。高塘乡境的狮子岩、顶头顶，为额头状的大型丹霞洞穴，洞形奇特，洞内曾有庵堂、民居，至今仍有居民利用其堆放柴草，可称奇观。荣桓河坝属于低水头发电站，草市古镇便位于水势广阔的库滨。与其相接的永乐江上望日岩河坝，库区周境为重要柑桔生产基地，风光如画。这些景点成众星捧月之势群集在草市古镇周境。这一带的旅游开发一要以草市古镇为龙头，把古镇的山水风光，人文胜迹和山乡田园结合起来进行综合开发，突出湘南“芙蓉镇”意境；二要将杨林古镇观光和杨林新街购买农副土特产品结合起来进行开发；三要将江东水库及周境农村建成生态休闲度假胜地；四要将荣桓和望日岩河库结合丹霞风光、农村田园风光，开展综合性的农业观光活动和民俗节庆活动，但都应以草市为中心，抱团开发。

五、衡阳古村落生态旅游文化发展

不论是中田村、宝盖村、沙井村还是草市村，抑或衡阳各地的古村的保护与发展，都必须顺应时代而有所作为。

（一）衡阳乡村振兴应有之义

1. 游客的审美价值取向

生态文明与古村落生态旅游休戚相关。作为一个产业群——旅游业，发展到现在来势茂盛。但随着人们视野的开阔，审美能力的提升，在旅游的欣赏与产品的品位方面又有了新的取向——古村生态文化旅游。游客在乡村游的过程中，特别钟情于蕴含着历史人文、史籍典志、村落整体设计、房屋布局等方面的古村落。

2. 时代发展之需

历史悠远的村必定积淀了丰厚的历史遗产和生态文化资源，必定呈现一方水土养一方人的相生共荣的关系。而在相生共荣过程里，必定寓意着扎实强韧的人的精、气、神，必定摇曳着多姿多彩的湖湘文化。要想留得住乡土之人，记得住乡之愁，传得下去乡之文明，就必须以习近平新时代生态文明思想为科学指引，明确认识生态环境是关系党的使命宗旨的重大政治问题，是关系民生的重大社会问题。明确认识广大人民群众热切期盼加快提高生态环境质量，要积极回应人民群众所想、所盼、所急。以生态文化价值观念为准则推动衡阳古村落发展方式的深刻转变。发现、挖掘、开发、利用古村落的生态资源，特别是旅游资源是走向乡风文明、产业兴旺、生活富裕的重要途径，是实现蓝天、碧水、净土的美丽乡村的重要发展方向。

（二）以习近平生态文明思想推进衡阳古村落生态旅游文化发展

生态文明是中华民族永续发展的大计，古村的保护与传承是当地村落发展的根本，也是中华民族古文化发展的“根”。

1. 要按照以人为本的思想，统筹规划与具体实证结合

习近平总书记强调，生态文明建设是关乎国家永续发展的系统工程。把绿色发展、民

生优先作为生态环境建设的重中之重，体现了以人民为中心，以民生为本的理念。围绕囊括乡村在内开展的环保行动必将提升乡村大地的生态系统，为旅游业发展提供良好的发展环境。

通过研究村的建筑、村落的历史人文，探究其历史文化底蕴；通过探索古村落生态文化发展，揭示悠远历史内蕴和与当代相吻合的生态文化资源；通过采集、探究古村落的建筑构造、画檐柱脚、窗棂格饰理出村古村落的古文化意蕴。通过统筹与实证，发掘古村生态旅游文化的发展内质与外显特征，并以此为典型，讲求以人为本、民生优先，从古村村民的切身利益考虑，探索古村发展历史渊源，理出古村文化内蕴，为开发古村作出正确而科学的决策。

2. 要按照生态优先、保护优先方针，积极探索村的生态旅游文化资源

随着衡阳地区经济水平的日益提升，衡阳的乡村旅游正日趋葳蕤之势。以南岳为龙头的旅游文化得到了高速发展。但古模式的乡村旅游体验已经无法满足人们日益提升的精神文化生活需求，乡村旅游发展到今，迫切需要相关政府部门、景区运营者顺应生态文明建设需要，转变运营思路，积极寻求转型升级，去创新开发模式，因地制宜开发具有衡阳当地文化特色的旅游文化，以满足人们不断追求美好生活的需要。而古村正提供了合适的条件，山清水秀，建筑如画，人文底蕴丰厚，民俗风情独具特色。要以生态文明眼光积极探索古村落旅游发展模式下衍生的生态文化旅游。古建筑的亭台楼阁、重楼复桥所溢出的抽象且具有象征意义的生态文化资源赋予了生态旅游文化新的灵魂，为古村落旅游注入了更多市场活力。为此，在开发的同时，要坚持习近平生态文明思想的生态优先、节约优先、保护优先方针，通过研究介绍古村的典籍史志、民族风情、民俗习惯、人文轶事、工艺美术、建筑古迹、古树名木等，展现古村落民族风情，古村落生态信息，在尽可能保持原真状况下，或修复建筑或挖掘生态元素，探索古村文化因子，研究推广的生态旅游文化、推动生态文明的发展，为乡村振兴提供直观、感性认识与理性思哲。

3. 要按照人与自然和谐共生方针，推动古村落生态旅游文化发展

坚持以习近平生态文明思想，为推进美丽乡村建设、实现人与自然和谐共生的现代化为指引和根本遵循。

（1）理出古村生态旅游文化元素

展现中田村等地的乡村建筑、村落的历史人文，探究其历史文化底蕴。通过呈现中田村、上游古村等古村落生态文化发展，揭示悠远历史内蕴和与当代相吻合的生态文化资源。通过采集、探究中田村等地古村落的建筑构造、画檐柱脚、窗棂格饰以及历史人文，理出中田村古村落的古文化意蕴，尊重古村历史遗产、民族风情、民俗习惯，修缮古村基本建筑，理出古村人文轶事历史渊源，并以此建立乡村生态旅游文化数据库。

（2）挖掘生态文化，建设生态文化

通过收集梳理挖掘中田村等地的典籍史志、民族风情、民俗习惯、人文轶事、工艺美术、建筑古迹、古树名木中所承载的文化积淀，探析乡村民俗，并探究出古村落的相生共荣的生态关系，以乡村优良的生态旅游文化元素的弘扬，推动乡村生态文明建设。

（3）制定规划

探索古村落生态旅游文化规划方案，保护与发展古村落，留住乡土记忆，发挥生态旅游文化传承、引领作用。通过对土楼古建筑、古井、古桥、古树进行标示、保护和修缮，建立村规民约、古建筑管理制度等多项规定，聘请专家设计古村规划方案，使之走上规范化、制度化、标准化。培育民众广泛参与、自觉保护、传承和发展古村镇文化遗产。

（4）打造生态产品

在保护古村风貌的基础上，加强的基础设施建设，完善古村的生态文化元素。围绕该村的历史积淀与当下所具有的特色，遵循人与自然和谐共生、遵循可持续发展的方针政策，研究它们发展与变革的方式与方法，为不断满足该村民日益增长的优质旅游的需要打造出优质的生态产品，推动村生态旅游文化的发展。

（5）打造古村生态文化产业

梳理典籍史志、民族风情、民俗习惯、人文轶事、工艺美术、建筑古迹、古树名木中所承载的文化积淀，以便建立生态文化数据库。研究它们的发展方式，对于提升乡村文化自信和乡村文化自觉，指导基层生态文明建设具有重要的引领与示范作用。保护和建设好中国古村落，不仅是乡村振兴战略的重要途径，也是加快推进生态文明建设，推动中华优秀“古”文化创造性转化、创新性发展的重要内容。在这个过程中，应以保护传承和发展为前提，合理开发利用本村镇、本地区、本民族的生态文化资源财富，打造古村镇生态文化产业。

（三）生态旅游文化古村开发要点

1. 因地制宜

古村生态旅游文化的开发与利用形式多样、风格不一。通过分门别类、整合资源，转化为时兴产品，产品转化为项目，由此发展生态旅游文化古村。古村的基因决定了它的盈利模式，这也是开发特色古村的前提。开发的关键要素主要是：地理位置、资金、当下市场、操盘手。村落情况不同，这几个要素的发挥也就别样。根据时下的古村发展，可以采取如下几种：一是打造南岳古镇类似的景区型古村。需要借助于专业做旅游的人士来做操盘手，依照星级景区模式涉及、规划、运作。目前该镇的四大盈利点是门票、酒店、车和会务，这个对经营者的专业运营能力和管理能力要求比较高。二是讲求宜居宜游的地产方式，在古村，有候鸟式生活的条件，文化与商业并存。三是追求某方面的功能的古村落，积极发挥村干部或招商引资打造饮食或风情风俗等特色古村。四是打造古村的产业，如工艺、建筑人文、产品物流、农事活动、休闲康养等。

2. 关联人、文、地、景、产

随着乡村旅游的兴起，生态旅游文化古村将必须具备越来越多的功能，以适应乡村发展之需，既要宜居、宜游还要宜业，因而其开发与利用，须讲求循环经济、生态利用，避免趋同化。从文、形与生三态角度要考虑对所在村的人、文、地、景、产的传承。为此，一是注意村民经济等宏观与古村生态文化与生态旅游资源等微观的规划相结合，建立古村大数据，积极建立与利用信息库，凭借空间信息平台实行监控。二是避免城镇开发的功利性。当前，打造特色生态旅游文化古村是快速兑现地产价值的重要手段，已经成为地产企业的发展新方向。为避免过度逐利，讲求理性的商业逻辑。通过“游客-古村-体验-信息反馈”，围绕经济，设计布局“玩-赏-住-买卖-娱和商-养-学-闲-情-奇”的消费环节，设法让游客在主观体验与审美玩乐的驱动下，留下来消费，让其来时高兴好奇，去时回味不已。三是讲求特色，突出唯一性，也许正是这“唯一”，成为文化旅游的畅游不衰。四是结合时代所需与古村自身定位，推行产业结构对路的产品供给侧改革，当前，在习近平新时代中国特色社会主义思想指引下，旅游成为经济发展的新常态，生态旅游、文化旅游已经成为当下主要的特色，也将继续下去。面对文化层次越来越高而审美需求愈来愈多样化的游客，古村落如果没有结构对路的产品供给就无法进行消费升级，也无法释放与满足。在此，可参照都市人归隐田园梦之下的以农业为特色产业的旅游产品。已有案例：宝盖的梦缘山庄。

图 99　宝盖梦缘山庄

诚然，还可开发家庭旅游亲子产品、禅修产品、夜游产品……五是用“美丽乡村”为支点。高起点规划、差异化建设，边筹资边干，古村与企业联姻，将整个村打造成景区，让古村文化元素变成推动衡阳古村经济和社会发展的生产力。

通过构建古村田园综合体，推进村庄环境治理，积极引进高新技术产业，推行清洁生产；推行生态保护，凝练生态文化，引导原住民自觉保护建筑与自然山水资源，打造自然生态景观。同时，以党建为引领打造共建共享共治的古村治理格局，坚持文化立村、生态富民，大力推进古村产业转型升级、生态环境修复、生态旅游发展，增强古村村民集体认同感和名誉感，努力建设“天蓝、水清、林茂、粮丰、村美、人富、和谐、幸福”的社会主义新农村。

图 100　宝盖银杏

图 101　宝盖梦缘山庄

后 记

衡阳古村落是中国优秀古文化与本地地域文化传承的载体，但当前时期，多数古村落处于高度空心化、古建筑破坏严重的状况。不论是中田村、沙井村抑或宝盖村、草市村与国家其他偏远地区的古村落一样，生态环境的保护与修复需要政府、企业、原住民、旅游大众的共同参与。尽管多数古村落受市场经济的影响，或主动或被动融入民俗等乡村旅游开发的大潮之中，但是，在利与义、利与名之前，多迷失于轰轰烈烈的市场洪流、城镇化中。

因此，写作本书的难度可想而知。古村的荒凉、颓圮与现代的商业文明似乎无法调和，造成较大反差。衡阳古村落在民俗旅游的过度开发中，原住民经常处于边缘化境地，他们在一度彷徨唯有无奈、叹息、期待。

中田村、沙井村、宝盖村、草市村等村落因其历史的沉淀与变迁，也存在文化元素遗失、破损现象，但这4个村在衡阳市被中华人民共和国住房和城乡建设部、中华人民共和国文化和旅游部列入古村落保护名列的15个村里，其典型尤著，留存的历史文化信息丰富多彩。在国家大力倡导乡村振兴战略的今天，开发、挖掘、扬弃、发展这些古村落生态旅游文化元素，理出中田村、沙井村、宝盖村、草市村的优秀文化“基因”，发展、兴盛衡阳的古村落生态旅游文化，是每一位热爱衡阳、喜欢古村落的旅游爱好者的题中应有之义。

本书编写，各位作者都是在繁忙的工作之余，利用一切时间，驱车往返数千公里，实地走访、搜集资料、摄影拍照，或通过当地村民、或通过古屋管理人员、或通过相关职能部门去了解、参考其他文献信息。同时得到了学院领导和相关部门的关心与支持，在此一并再次致谢！

几经周折，诚惶诚恐，终成此稿。

参考文献

[1] 张秀梅，李明. 系统视角下古村落保护理论与保护实践变迁研究［J］. 遗产与保护研究，2017，2（4）：59-64.

[2] 文静. 论“徽派”建筑在湖南的发展历程［D］. 湖南师范大学，2015.

[3] 王留青. 苏州古村落分类保护研究［D］. 苏州科技学院，2014.

[4] 湖南省衡南县志编纂委员会. 衡南县志［M］. 北京：中国社会出版社，1992.

[5] 许媛媛. 湘南古民居室内空间再生设计研究——以衡南县宝盖镇古民居为例［D］. 中南大学，2013.

[6] 李渔村，李仕铭. 湖南古村镇［M］. 长沙：岳麓书院，2009.

[7] 王立言，伍国正. 湖南衡南县宝盖村建筑文化浅析［J］. 中外建筑，2016（03）：71-72.

[8] 曹瑞祺，寇明婷. 乡村生态旅游规划研究［J］. 安徽农业科学，2010，38（24）：13413-13415.

[9] 钟林生，马向远，曾瑜皙. 中国生态旅游研究进展与展望［J］. 地理科学进展，2016，35（06）：679-690.

[10] 郭国仕. 城镇化过程中的农村空心化问题研究［J］. 龙岩学院学报，2013，31（03）：88-96.

[11] 王留青. 苏州古村落分类保护研究［D］. 苏州科技学院，2014.

[12] 邓世凯. 衡阳市乡村旅游发展对策研究［D］. 中南林业科技大学，2016.

[13] 是丽娜. 新农村建设与乡村生态旅游互动发展模式构建［J］. 生态经济，2013（11）：106-109.

[14] 刘敏. 城镇化，莫让“乡愁”变“乡痛”［N］. 中国信息报，2014-01-13（003）.

[15] 衡阳市政府研究室. 游“绿水青山”建“美丽乡村”——衡阳市乡村旅游发展的调查与思考［J］. 衡阳通讯，2018（08）：39-42.

[16] 王秀全. 王家祠堂志［M］. 长沙：中南大学出版社，2015.

[17] 陈瑜. 论民俗文化资源在旅游中的应用［D］. 河南大学，2010.

[18] 刘婷婷. 基于扎根理论下的古村落保护与发展研究［D］. 中央美术学院，2016.

[19] 张建忠，刘家明，柴达. 基于文化生态旅游视角的古村落旅游开发——以后沟古村为例［J］. 经济地理，2015，35（09）：189-194.

[20] 胡燕，陈晟，曹玮，曹昌智. 古村落的概念和文化内涵［J］. 城市发展研究，2014，21（01）：10-13.

[21] 罗丹丹. 基于利益相关者视角构建大熊猫国家公园生态补偿机制［J］. 湖南生态科学学报，2018，5（4）：50-56.

[22] 钟茂初. 探索生态文明法律原则的具体实施［N］. 中国社会科学报，2018-03-14（05）.

[23] 杨攀科，刘军. 国家公园旅游生态补偿机制的构建———以神农架国家公园为例［J］. 旅游纵览（下半月），2017（4）：166-167.

[25] 左家哺. 范适. 基于生态金字塔视角论行业职业技能竞赛的作用［J］. 湖南生态科学学报，2018，5（4）：57-62.

[26] 刘磊. 中田村古村落选址与村落环境研究［J］. 山西建筑，2017，31（04）：12-13.

[27] 舒惠勤 郑文武 汤雪莉. 古聚落民居原真性评价［J］. 衡阳师范学院学报，2017，38（03）：18-19

[28] 黄涛. 村落的现代化演进与文化传承［J］. 温州大学学报，2013. 26（05）：1-2.

[29] 杨铜铜. 村落文化的变迁［J］. 商业文化，2012-05：226-227.

[30] 北京巅峰智业旅游文化创意股份有限公司课题组. 文旅特色小镇开发理论与实践［M］. 北京：旅游教育出版社，2018.

[31] 方富贵. 古风深蕴中田村［J］. 新湘评论. 2015（13）：54-56.